विश्व धरोहर

महाकुंभ

विश्व धरोहर
महाकुंभ

डॉ. रमेश पोखरियाल 'निशंक'

प्रभात प्रकाशन, दिल्ली
ISO 9001:2015 प्रकाशक

प्रकाशक • **प्रभात प्रकाशन**
4/19 आसफ अली रोड,
नई दिल्ली-110002

संस्करण • प्रथम, 2019
मूल्य • चार सौ रुपए
मुद्रक • आर-टेक ऑफसेट प्रिंटर्स, दिल्ली

VISHWA DHAROHAR MAHAKUMBH
by Dr. Ramesh Pokhariyal 'Nishank' ₹ 400.00
Published by Prabhat Prakashan, 4/19 Asaf Ali Road, New Delhi-2
e-mail: prabhatbooks@gmail.com ISBN 978-93-5322-246-8

सत्यमेव जयते

प्रधान मंत्री

Prime Minister

नई दिल्ली
03 जनवरी, 2019

श्री रमेश पोखरियाल 'निशंक' जी,

आपके द्वारा लिखित पुस्तक 'विश्व धरोहर महापर्व' के प्रकाशन के बारे में जानकर प्रसन्नता हुई है।

कुंभ का स्वरूप अत्यंत विराट् है। जितना दिव्य उतना ही भव्य। कुंभ मेले में आस्था और श्रद्धा का जन-सागर उमड़ता है। एक साथ एक जगह पर देश-विदेश के लाखों-करोड़ों लोग जुड़ते हैं। कुंभ की परंपरा हमारी महान् सांस्कृतिक विरासत से पुष्पित और पल्लवित हुई है। इसके वैश्विक महत्त्व का अंदाजा इसी से लग जाता है कि यूनेस्को ने कुंभ मेले को मानवता की अमूर्त सांस्कृतिक धरोहर के रूप में चिह्नित किया है। कुंभ की दिव्यता से भारत की भव्यता पूरी दुनिया में अपना रंग बिखेरेगी।

इस सुअवसर पर महापर्व कुंभ से जुड़ी विभिन्न मान्यताओं व जानकारियों को पुस्तक का रूप देकर आपने एक सराहनीय कार्य किया है। आशा करता हूँ कि आपकी पुस्तक को पाठकों का भरपूर स्नेह मिलेगा।

पुस्तक के प्रकाशन के लिए आपको तथा उन सभी को, जिनका सहयोग आपको मिला, मेरी बधाई व शुभकामनाएँ।

आपका,

(नरेंद्र मोदी)

श्री रमेश पोखरियाल 'निशंक'
सांसद

भूमिका

महाकुंभ संबंधित यह महत्त्वपूर्ण पुस्तक 'विश्व धरोहर महाकुंभ' दुनिया के विलक्षण और सांस्कृतिक एवं धार्मिक पर्व को समर्पित एक विश्वव्यापी अद्भुत धरोहर है। इस पुस्तक में महाकुंभ से संबंधित सभी वेदों, पुराणों, इतिहासग्रंथों और विद्वानों के लेखों से 'अर्क' रूप में महत्त्वपूर्ण सामग्री अन्वेषित की गई है। साथ ही उन्हें यथास्थान देकर उनका विस्तृत विवेचन भी प्रस्तुत किया गया है। कल्पना और यथार्थ में कितना अंतर होता है और इन दोनों के समन्वय से किस प्रकार साहित्य का ताना-बाना बुना जाता है; किस तरह लाक्षणिक शब्दों की क्रीड़ाभूमि में ज्ञान की चौसर बिछाई जाती है, इसकी सम्यक् जानकारी भी आपको इस शोधपरक पुस्तक को पढ़ने से मिल सकेगी।

हमारे वेद, उपनिषद आदि की विश्वसनीय बातें भी सीधी-सपाट नहीं हैं। उन्हें 'रूपक' अलंकार से वर्णित किया गया है। वेद के शब्दों का अर्थ, निर्वचन आदि जैसे 'निघंटु' से होता है। वैसे भी लौकिक साहित्य की व्याख्या और उसका अर्थ 'प्रतीक एवं बिंबों' के बिना नहीं जाना जा सकता है, इसलिए हमारे पुराने लोग कहते थे—'खग की भाषा खग ही जाने।' वेद और पुराणों के बहुश्रुत विद्वानों के साथ आज भी हम अपने पूर्वजों के ऋणी हैं, जिन्होंने अपने बनाए लोकोक्ति और मुहावरों का विशाल कोष हमारे लिए एक अमूल्य धरोहर के रूप में संरक्षित किया है। इस दृष्टि में हमारा वाचिक लोक साहित्य भी बहुत धनी है।

आदिकाल से ऋषि हमारे गुरु और नीति-निर्माता रहे हैं। उनका वैदिक

ज्ञान-विज्ञान विश्व को आज भी चमत्कृत कर रहा है। कोई भी ज्ञान-विज्ञान का ऐसा क्षेत्र नहीं है, जिस पर हमारे पूर्वजों ने चिंतन-मनन न किया हो। वेद पर ही 'सायण' से लेकर 'ऋषि दयानंद' तक अनेक भाष्य हैं। पाणिनी, पतंजलि, व्यास, भरद्वाज, कुमारिल और आद्य शंकराचार्य तक अनेक ऋषि हमारे मार्गदर्शक रहे हैं। कुंभपर्व हमारे इन ऋषियों की ज्ञानराशि के मंथन से निकला हुआ अमृत है।

यदि जीवन-दर्शन के परिप्रेक्ष्य में हम कुंभ को समझें तो हम पाएँगे कि आज मंथनोपरांत निकलनेवाली हर वस्तु जीवन का सार देती है। यथा हमारा चिंतन विश्व को शांति के पथ पर चलने की शिक्षा दे सके; हम सबका भला सोच सकें; भगवान् शंकर की तरह विष स्वयं पिएँ और अमृत सबको बाँटें। धरती की संपदाओं पर प्रत्येक प्राणी का अधिकार है। कोई दुखी न हो, सब सुखी हों। ऐसी सोच और कार्य-संस्कृति हम विश्व में पनपा सकें, यही प्राचीन काल से चले आ रहे इन कुंभ-पर्वों की हमारे लिए शिक्षा है।

यों भी सामाजिक-आध्यात्मिक मंथन से अमृत ही निकलता है, जो समाज के लिए हितकारक होता है। आज आतंकवाद और वैमनस्यता भरे विश्व को सही दिशा देने का ठोस प्रयास आपसी विचार-विमर्श ही है, दूसरा कुछ नहीं।

अतः इस अर्थ में हमें एक और विश्व कुंभ (विश्व विचार मंच) की आवश्यकता सदा ही रहेगी। अन्यथा इस स्थिति में देवासुर संग्राम कभी समाप्त नहीं हो सकेगा और इसकी आग में जलकर समस्त विश्व धू-धू कर जल उठेगा। अतएव शांति का अमृत पान करना है तो विश्व के सभी राष्ट्राध्यक्षों, बुद्धिजीवियों और संघर्षरत मानव समाज को एक स्थान पर एकत्र होकर चिंतन करना ही पड़ेगा। प्राचीनकाल से चले आ रहे महाकुंभों के ये आयोजन हमें यही शिक्षा देते आ रहे हैं कि हम मिलकर एक साथ रहें, परस्पर सहयोग से कार्य करें, हम तेजस्वी हों और किसी से बैर न करें।

सहनाववतु सहनौ भुनक्तु सह वीर्यं करवावहे।
तेजस्विनावधीतमस्तु मा विद्विषावहे।

इसी विचार को आत्मसात् करके वर्ष 2010 में उत्तराखंड सरकार ने हरिद्वार में महाकुंभ का आयोजन किया। जिसका सफल संचालन एवं नियंत्रण 'प्रबंधन प्रवीण' तत्कालीन मुख्यमंत्री डॉ. रमेश पोखरियाल 'निशंक' के हाथों में था। पूरा देश ही नहीं, दुनिया भर के लोग इस महाकुंभ में सम्मिलित हुए। 'भारतीय अंतरिक्ष अनुसंधान संगठन' (इसरो) ने इस विशाल जन समूह की ऐतिहासिकता पर मोहर लगाकर इस बृहत् आयोजन की 'सुव्यवस्था' को भी सराहा और इसे विश्व का आज तक का एक 'सफल आयोजन' माना। पुस्तक में साहित्यिकता तथा इतिहास को कल्पना और यथार्थ के साँचे में ढालने का भी प्रयास किया गया है—हरिद्वार, प्रयाग, उज्जयिनी और नासिक की अमृत-संचिता भूमि में आयोजित होनेवाले, अर्धकुंभ एवं द्वादश वर्षीय 'महाकुंभ' विश्व के लिए किसी आश्चर्य से कम नहीं हैं। यह हमारी सांस्कृतिक उपलब्धि तथा पूर्वजों की एक बड़ी देन है।

कुंभ पर लिखी अनेक पुस्तकों, मत-मतांतरों और इतिहास-तत्त्वों की छान-बीन के उपरांत कुंभ के उस विशाल तरंगायित सागर से अपने मतलब की शंख-सीपी और मणियों को चुनकर इस पुस्तक का निर्माण किया गया है। यह पुस्तक एक वास्तु पुरुष है, ऐसा कुंभघट है, जिसमें सागरांबरा धरती समाई हुई है। अपने श्रमजल और श्रद्धा के आम्र-पल्लवों तथा सुविचारों के दधि-दुर्वांकुरों, मंगलद्रव्यों से इसे अभिमंत्रित करके संस्कृति के सर्वतोभद्र आसन पर विराजमान करने का यह लघु प्रयास है। आशा है, बिज्ञ पाठक और सुधी विद्वज्जन पुस्तक में त्रुटियाँ न देखकर इसके गुणों और सारगर्भित संकलन व शोधपरक सामग्री को सराहेंगे।

इस कुंभ के संचालन की जिम्मेदारी डॉ. निशंक पर थी। नवोदित उत्तराखंड अभी महज नौ वर्ष का था, संसाधन इतने सीमित कि एक स्थान पर लाखों लोगों की भीड़ को नियंत्रित करना आसमाँ से तारे तोड़ लाने के बराबर था। चुनौती निश्चित रूप से पहाड़ से भी ऊँची थी, किंतु डॉ. निशंक को भरोसा था माँ गंगा पर, उस परम शक्ति पर और स्वयं पर उन्होंने इस आयोजन के पूर्णरूप से सफल बनाया और सौभाग्य से हुआ भी यही। यह

कुंभ अभी तक धरती पर हुए सांस्कृतिक-धार्मिक उत्सवों में विश्व इतिहास की पूँजी बन गया।

अतएव सर्वदा सदाशयता को ग्रहण करनेवाली और 'असत्' का त्याग, सत् को अपनाने वाली, अपनी सार्वभौम संस्कृति के महत् आदेश को शिरोधार्य करते हुए धर्मप्राण सुधी पाठकों एवं माँ गंगा के आराधकों के कर-कमलों में सादर समर्पित की जा रही है।

—डॉ. नागेंद्र ध्यानी 'अरुण'

अपनी बात

हम सौभाग्यशाली हैं कि जीवनदायिनी माँ गंगा का अवतरण देवभूमि उत्तराखंड (हिमालय) में हुआ। माँ गंगा के स्पर्श से एक-एक कण पवित्र हो जाता है। इसी कारण गंगा के तट पर आदिकाल से ही कई गाँव और शहर बसे। माँ गंगा के साथ जिस भी नदी का मिलन हुआ, वह स्थान तीर्थ बन गया। पूर्वाभिमुखी माँ गंगा जहाँ उत्तरवाहिनी होती है, वह स्थान सर्वाधिक पुण्यदायी हो जाता है। अत: पतित पावनी माँ गंगा के किनारे बसे गाँव और शहर तीर्थ कहलाने लगे, विशेष पर्व, त्योहारों, उत्सवों और महत्त्वपूर्ण तिथियों पर स्नान करने की परंपरा ने इन तीर्थों का महत्त्व और भी बढ़ा दिया। भारतीय संस्कृति में तीर्थों पर स्नान का सर्वाधिक महत्त्व कहा गया है। इन्हीं में से एक विश्वविख्यात स्नान महापर्व कुंभ भी है। यह महापर्व भारतीय सभी पर्वों में सर्वाधिक पुरातन व जीवनदायी है। समग्र विश्व को उद्वेलित एवं आश्चर्यचकित करनेवाला यह महापर्व 'कुंभ' भारत की ही नहीं, अपितु विश्व की धरोहर है। 'कुंभ' महापर्व का भारतीय संस्कृति में विशेष स्थान है, 'कुंभ' अर्थात् 'घट', एक ऐसा घट, जिसमें विविध संस्कृतियों, सभ्यताओं और धर्मों का सम्मिश्रण अमृत रूप में विद्यमान है। एक ऐसा समागम, जहाँ अलग-अलग वैचारिक अनुयायियों ने एकमत होकर मात्र विश्वकल्याण के निहितार्थ विचार-विमर्श व विनिमय के साथ-साथ अपेक्षित जप, तप, पूजन और अर्चन कर भारतीय सनातन संस्कृति के मूल मंत्र 'वसुधैव कुटुंबकम्' से संपूर्ण विश्व को अभिप्रेरित किया। भारतीय संस्कृति ने वसुधैव कुटुंबकम् के उद्घोष के साथ अपने

विश्वरूपी परिवार के सुखी और स्वस्थ रहने की भी कामना की है—

सर्वे भवन्तु सुखिनः सर्वे सन्तु निरामया।
सर्वे भद्राणि पश्यन्तु मा कश्चित् दुःखभाग्भवेत्॥

हम उस संस्कृति के वंशज हैं, जो 'मैं अकेला' न कहकर 'हम सब' की भावना से ओत-प्रोत है। प्रांत, क्षेत्र, धर्म, कर्म, रंग-रूप, वेश-भूषा, वाणी-भाषा से भले ही भारत विविध रंगों मं रँगा हो, लेकिन अनेकता में एकता ही हमारी विशेषता है और आत्मा सभी की एक ही है, जिसका मूल विश्वकल्याण है, सौहार्द है, प्रेम है और भाईचारा है। अलग-अलग रूप में हम केवल और केवल उस अदृश्य परमशक्ति के उपासक हैं, जो इस सृष्टि को निरंतर और सुव्यवस्थित रूप से संचालित कर रही है। उसी के प्रेम के वशीभूत हम अपनी सनातन संस्कृति के प्रति श्रद्धावनत हैं। सामान्यतः अपने-अपने क्षेत्रों में, एक दैनिक कार्य की भाँति धर्मगुरु अपने-अपने ढंग से भारतीय संस्कृति का प्रचार-प्रसार करते हैं। ग्रह, नक्षत्र और राशियों के आधार पर 12 वर्ष पश्चात् जब दुर्लभ संयोग बनता है, तब गंगा के स्पर्श एवं दर्शन मात्र से ही मनुष्य को मोक्ष की प्राप्ति तथा उसकी सभी गतागत पीढ़ियों का उद्धार हो जाता है, इसी कामना के वशीभूत होकर, ऐसे समय में पूरा विश्व हरिद्वार के सदृश सभी कुंभ-स्थलों के प्रति गतिमान हो जाता है।

कुंभ के संदर्भ में जो ऐतिहासिक तथ्य हमारे समक्ष हैं, उनमें यह सर्वमान्य है कि देवासुर संग्राम में अमृत प्राप्ति हेतु समुद्र-मंथन जैसी ऐतिहासिक और अद्वितीय घटना घटित हुई। इसी मंथन में विष निकला तो अमृत भी; अमृत कलश को पाने के लिए छीना-झपटी शुरू हुई तो इंद्रपुत्र जयंत अमृत-कलश लेकर भागा और इसी भागदौड़ में जिन-जिन स्थानों पर अमृत की बूँदें छलकीं, उन-उन स्थानों पर कुंभ पर्व आयोजित होते हैं। चिरकाल से चली आ रही इस परंपरा का निर्वाह निर्बाध रूप से आज भी हो रहा है। देवताओं ने 'अमृत पान' कर अमरत्व प्राप्त किया। देवार्चन के साथ ही मानव अमृतपान और अमरत्व की कामना हेतु महापर्व कुंभ पर स्नान करने के लिए लालयित रहता है।

समस्त विश्व समाज में विष और अमृत गहन रूप में व्याप्त है, तब तो भगवान् शंकर ने विष धारण कर इस सृष्टि को नष्ट होने से बचा लिया था और आज समाज में फैली बुराइयों, पापकर्म, दुराचार, आपसी वैमनस्य, आतंकवाद जैसे विष को नष्ट करने के लिए महाकुंभ के रूप में भगवान् शिव स्वयं प्रकट हुए हैं। धर्म, संस्कृति, सदाचार, उच्च विचार सौहार्द रूपी अमृत और अध्यात्म की उस ईश्वरीय शक्ति को भाईचारे के साथ संपूर्ण मानव जाति को पहुँचने का पर्व 'महाकुंभ' है।

वर्ष 2010 में उत्तराखंड का मुख्मंत्री रहते हुए मुझे सदी के पहले महाकुंभ को हरिद्वार में आयोजित करने का सौभाग्य प्राप्त हुआ। इस महापर्व पर विश्व के एक सौ से अधिक देशों के लोगों ने पवित्र गंगा माँ का स्पर्श करके अमृतपान का पुण्य अर्जित किया। इससे यह सिद्ध हो गया कि कुंभ न केवल हिंदुस्तान की धरोहर है, अपितु संपूर्ण विश्व की धरोहर है, इसीलिए तब मेरे द्वारा महाकुंभ को विश्व धरोहर घोषित किए जाने की माँग की गई थी, यह हम सभी भारतवासियों के लिए परम हर्ष का विषय है कि देश और दुनिया के प्राणिमात्र के जीवन के लिए प्रेरणाप्रद इस पर्व को आठ वर्षों बाद यूनेस्को द्वारा 'अमूर्त विश्व धरोहर' घोषित कर दिया गया।

हरिद्वार महाकुंभ के सफलतापूर्वक संपन्न हो जाने के पश्चात् मेरे मन में कुंभ पर एक पुस्तक लिखने का विचार आया। अनेक विद्वज्जनों के आलेखों, संदर्भों, इतिहास एवं पौराणिक कथाओं तथा ग्रंथों के आधार पर इस महासमुद्र से कुछ मोती चुनकर इस पुस्तक के रूप में आपको सौंप रहा हूँ। इस पुस्तक को अधिक और सटीक जानकारियों से सुसज्जित करने के लिए मैं डॉ. विष्णुदत्त राकेशजी एवं प्रो. देवीप्रसाद त्रिपाठीजी को धन्यवाद देता हूँ, जिनके सत्प्रयासों ने इस पुस्तक के महत्त्व को अधिक बढ़ा दिया।

—डॉ. रमेश पोखरियाल 'निशंक'

अनुक्रम

कुंभ : अनमोल मानवीय विरासत

'कुंभ' को हम आस्था के उस महापर्व के रूप में जानते हैं, जिसमें देश-दुनिया के कोने-कोने से करोड़ों जन माँ गंगा के प्रति श्रद्धा के वशीभूत हो गंगा किनारे सदियों से अनवरत जुटते रहे हैं और स्नान-ध्यान कर पुण्य प्राप्त करते रहे हैं। मानव-मिलन की यह चमत्कृत कर देनेवाली स्वत:स्फूर्त परंपरा दुनिया में अनूठी है। इतनी अनूठी और अनुपम कि आम श्रद्धालुओं के साथ-

हरिद्वार कुंभ 2010 के दौरान उमड़ा श्रद्धालुओं का ऐतिहासिक सैलाब

साथ जंगलों व कंदराओं में साधनारत् साधु-संन्यासी भी श्रद्धावनत् होकर इस महापर्व में माँ गंगा के शरणागत होते हैं। संत-गृहस्थ, धनी-निर्धन, राजा-रंक का यह समागम दुर्लभ है।

वैदिक काल से चला आ रहा यह सिलसिला

कुंभ यानी दुनिया में सदियों से चली आ रही परंपराओं और संस्कृतियों का महासंगम है। इसका उल्लेख हमें मानव संस्कृति की विकास यात्रा के उषाकाल से ही मिलना शुरू हो जाता है। समझा जाता है कि हमारे तत्त्वज्ञदृष्टा ऋषि-मुनियों ने विखंडित और बिखरे समाज को एकता के सूत्र में बाँधने के लिए यह तरकीब निकाली। विद्वानों का मानना है कि यह काल ऋग्वेद का रहा होगा। विद्वज्जनों ने सामाजिक जीवन को उन्नत बनाने और आपसी प्रेम व भावनात्मक एकता जगाने के लिए इस महापर्व की आधारशिला रखी। धीरे-धीरे इस पर्व को विभिन्न तीर्थों से जोड़ा गया, ताकि अधिक-से-अधिक लोग न सिर्फ धार्मिक, आध्यात्मिक शांति पा सकें बल्कि भावनात्मक रूप से भी जुड़ सकें।

जन-जन को जोड़ने की जादुई जुगत

'समग्र भारत' की झलक देता दुनिया का यह विराटतम मेला सिर्फ एक धार्मिक मेला भर नहीं है, बल्कि जन-जन को जोड़ने और जगाने की अनूठी जुगत भी है। विभिन्न रंग-रूप, रहन-सहन, खान-पान, ऊँच-नीच यहाँ आकर सिर्फ भक्ति के रंग में रँगकर एकरूप हो जाते हैं। मानव का सिर्फ एक सरल, शील, सदाचारी श्रद्धालु रूप नजर आता है। अकल्पनीय एकात्मता की यह झलक चमत्कारी है। यहाँ सब 'स्व' भूलकर 'सर्वे भवन्तु सुखिनः' की अपनी सनातन संस्कृति के साक्षात् दर्शन करते हैं।

इस तरह 'कुंभ' पर्व हमारे समूचे राष्ट्र को तो एकसूत्र में बाँधता ही है, साथ ही सदियों से यह पर्व शांति, समता और सहिष्णुता का संदेश देता आया है। इसलिए यूनेस्को ने भी इसे आज मानवता की अनमोल सांस्कृतिक विरासत करार दिया है।

करोड़ों खर्च कर भी न जुट पाए इतनी भीड़

मानव को मानवीय बनाने की ओर ले जाता यह महापर्व दुनिया का अकेला अद्वितीय उदाहरण है। वास्तव में अगर इतना बड़ा मेला आयोजित करना पड़े और इतने लोग एकत्र करने हों तो करोड़ों रुपए खर्च हो जाएँगे, फिर भी इतनी और ऐसी उत्साही भीड़ नहीं जुट पाएगी। यह हमारे पुरखे ऋषियों का चमत्कार है। हमारी सनातन संस्कृति इसी से अक्षुण्ण है। सदियों से यह आस्था, यह उत्साह बने रहना वाकई चामत्कारिक है।

हरिद्वार से है 'कुंभ' का जन्म का नाता

तमाम ऐतिहासिक व पुरातात्त्विक दस्तावेज बताते हैं कि हमारी संस्कृति और सभ्यता यहीं गंगा-सरस्वती के मैदानों में पल्लवित-पुष्पित हुई। कालांतर में इसका विस्तार सिंधु घाटी तक हो गया। अब तो तमाम तथ्यों से यह भी प्रमाणित हो चुका है कि यह भू-भाग ही वह मूल क्षेत्र है, जहाँ से सभ्यता संस्कृति का प्रसार शेष भारत समेत एशिया व यूरोप में हुआ। यही सभ्यता बाद में उत्तर-वैदिक और फिर सरस्वती-सिंधु सभ्यता कहलाई। हरिद्वार तत्कालीन गंगाद्वार का इससे अभिन्न संबंध रहा है। विद्वान् कुंभ पर्व जैसे महापर्व की शुरुआत यहीं से मानते हैं। पौराणिक ग्रंथों में यहाँ तमाम धार्मिक, आध्यात्मिक आयोजन का भी उल्लेख मिलता है।

कुल मिलाकर एक आदर्श समाज और देश को एकता के सूत्र में बाँधने का यह अनुपम और अभिनव कालजयी अभियान रहा। साथ ही लोगों को मर्यादित और मानवीय बनाने की कुदरती कार्यशाला भी।

यह ऐसा महायज्ञ है, जिसका माहौल ही लोगों को सात्त्विक, सदाचारी बना देता है और फिर इस महापर्व के दौरान आयोजित धार्मिक सत्रों में यह सीख भी दी जाती है कि तीर्थ में पहुँचे लोग संयम से रहना सीखें, जमीन में शयन करें, पत्तल में भोजन करें, ताकि हाथ-पाँव, मन-बुद्धि सब संयत रहें। ज्ञान दिया जाता है कि इन मानवीय मूल्यों को जीवन में उतारनेवालों को ही तीर्थ का पुण्य फल मिलता है।

□

माँ गंगा की अनुपम देन 'कुंभ'

प्राचीनकाल में गंगा घाटी में ऐसी अनुकूल परिस्थितयाँ थीं और ऐसा वातावरण बन गया था, जिसमें दर्शन और मनोविज्ञान का विकास संभव था। वैदिक काल में इसी माँ गंगा के सान्निध्य में वेद अवतरित हुए तो उत्तर-वैदिक काल में संहिताओं, ब्राह्मण गंथों, उपनिषदों और सूत्रों की उत्पत्ति हुई। जिन लोगों में जोखिम से जूझने की भावना थी, वे यमुना तथा गंगा के दोआब के क्षेत्रों में बस गए थे। ये स्थान उस समय कौशल, विदेह, मगध और अंग के नाम से जाने जाते थे।

ये जीवंत और आत्मविश्वास से भरे हुए लोग, जिनकी सभ्यता पूरी थी, जब कम उन्नत संस्कृतिवाले लोगों के संपर्क में आए तो एक नई धार्मिक मानसिकता का प्रादुर्भाव हुआ।

गंगा घाटी में दो से अधिक तत्त्वों या सांस्कृतिक धाराओं के सम्मिलन से जिस भारतीय मानसिकता ने जन्म लिया, उसमें एक ओर तो भौतिकवाद था, जिसमें सुख-दुख का द्वैत था और दूसरी ओर 'मानव के आध्यात्मिक स्वभाव की गंभीरता और उसकी शाश्वतता थी; इन लोगों ने शाश्वत सिद्धांतों तक पहुँचने के लिए कई पंथों की खोज की। परिवेश के प्रभाव से चिंतन में किस प्रकार परिवर्तन आता है, कैसे उसका विकास होता है, उसे देखते हुए यह स्वाभाविक और तर्कसंगत ही था कि ऋग्वेद की जीवंतता, यजुर्वेद के कर्मकांड और सामवेद की प्रार्थनाओं का अंत अंततोगत्वा वेदांत में जाकर हुआ।

आश्चर्य की बात तो यह है कि विजयी जातियों की आक्रामकता और हिंसक प्रवृत्तियाँ भी यहाँ आकर समाप्त हो गईं। यहीं गंगा द्वार में कुंभ महापर्व का प्रस्फुटन हुआ। इस तरह कुंभ गंगा के साथ आदिकाल से चला आ रहा है।

बाल्मीकि रामायण में गंगा और हरिद्वार तीर्थ

रामायण के अयोध्या कांड में गंगा का अवतरण किस प्रकार हुआ और वह कैसे त्रिपथगा बनी। इसका अत्यंत सुंदर वर्णन है, जिसमें बताया गया है कि गंगा अपने जल के साथ किस-किस प्रकार के जीव-जंतु और वनस्पतियाँ अपने साथ पृथ्वी पर लाईं।

वाल्मीकि रामायण में राम ऋषि विश्वामित्र से कहते हैं—"हे ब्रह्मर्षि, इस नदी का जल इतना शुभ है कि नीचे की रेत भी दिखाई दे रही है। यह गहरी भी नहीं है और संभवतः इसे पार करने के लिए नाव की भी आवश्यकता नहीं है।"

दोपहर तक चलते-चलते ऋषियों ने पवित्र नदी जाह्नवी के दर्शन प्राप्त किए, जिसकी पूजा मुनि लोग करते हैं।

(बालकांड 35.6)

नदी में हंस और कई जलपक्षी थे। ऋषि लोग इस बात पर प्रसन्न थे कि वे उन विश्वामित्र के साथ हैं, जो राम और लक्ष्मण को अपने साथ ले जा रहे हैं।

(बालकांड 35.7)

उन सभी ने नदी तट पर विश्राम किया। उसके बाद स्नान करके अपने पूर्वजों और देवताओं को तर्पण दिया।

(बालकांड 35.8)

फिर जाह्नवी के तट पर कर्मकांड सहित अग्निहोत्र किया।

(बालकांड 35.9)

बाल्मीकि रामायण में राम के प्रश्न का उत्तर देते हुए विश्वामित्र ने गंगा के त्रिपथगा स्वरूप का वर्णन किया है।

इस तरह बाल्मीकि रामायण की गंगावतरण की कथा को महाभारत के बाद पुराण और भारतीय साहित्य में आदर के साथ लिखा गया। आज भी गंगा के माहात्म्य पर हजारों पुस्तकें उपलब्ध हैं। इसका कारण भारतीय जनमानस में गंगाजी के प्रति प्रेम और श्रद्धा भावना की प्रमुखता रही है। उसे माँ का दर्जा दिया गया है, सैकड़ों मंदिरों और मूर्तियों की स्थापना हुई है। गंगा के बिना भारतीय संस्कृति को परिभाषित ही नहीं किया जा सकता है। यह निर्विवाद सत्य है कि कृषि प्रधान देश भारत के लिए गंगाजी वरदान हैं।

'गंगावतरण' की कथा को यदि हम यथार्थ के धरातल पर लाकर देखें और गंगाजी के प्रवाह-पथ का भौगोलिक सर्वेक्षण करें, तो हम देखते हैं कि गंगाजी की धाराएँ, चाहे वह भागीरथी हो या अलकनंदा, दोनों दो पर्वतों के बीच में से आई हैं। जैसे कूल में पानी अपनी निश्चित दिशा और गति में बहता है, उसी प्रकार गंगाजी भी इन दो पहाड़ों के अंदर प्रवाहित होती हैं।

राजा भगीरथी के समय के भू-वैज्ञानिक एवं जलप्रबंधन विभाग के लोगों की इस तकनीक पर क्या आपको आश्चर्य नहीं हो रहा है? गंगाजल से सगर के साठ हजार पुत्र, जो संभवत: उसकी कृषक प्रजा थी, का सहसा उद्धार हो गया था और गंगाजी को स्वर्ग अर्थात् (हिमालय क्षेत्र) से धरती (मैदानी क्षेत्र) में लाने में सफल होने के कारण राजा भगीरथी अमर हो गए और गंगाजी भी भागीरथी कहलाने लगीं। गंगा की यह धारा गंगोत्तरी गौमुख से निकलकर देवप्रयाग में अपनी दूसरी धारा अलकनंदा से मिल जाती है। पुराणों में लिखा है—गंगा की तीसरी धारा 'भोगवती' नाम से पाताल में अर्थात् नागलोक में बहती है। गंगा को 'नाग निलया' भी कहा गया है। 'भोगी' शब्द भी 'फन' को धारण करनेवाले नाग का पर्यायवाची है। हरिद्वार की गंगा भोगपुर क्षेत्र, जिससे होकर गंगा नहर निकल रही है। क्या पता वहाँ के विद्वानों को भी गंगाजी के भोगवती नाम के कारण अपने इलाके का नाम गंगा भोगपुर रखने की युक्ति सूझी हो? हमारे विचार से तो वह नागलोक, जिसका पुराणों

में वर्णन है, उत्तराखंड का नागपुर परगना है, जिससे होकर गंगा की कई सहायक धाराएँ बहती हुईं अलकनंदा में मिलती हैं।

इसी नागपुर क्षेत्र में एक नदी पिंडर नाम की है। पिंडारक नाग के लिए कहा जाता है। महाभारत में उल्लेख मिलता है कि कर्ण ने पिंडारकों (नागों) का दमन करके वह भूमि अपने अधिकार में ली थी। पिंडर और अलकनंदा के संगम पर बसा 'कर्णप्रयाग' इस ओर विद्वानों का ध्यान अवश्य आकृष्ट करेगा। देवप्रयाग के बाद अलकनंदा और भागीरथी मिलकर गंगा कहलाती हैं।

कुंभ परंपरा एवं प्रतीक

अथर्ववेद की एक ऋचा में कुंभ शब्द का प्रयोग करते हुए कहा गया है कि काल (समय) के ऊपर भरा हुआ कुंभ रखा है। काल में ज्ञान समाहित है और इसी से वेदों की उत्पत्ति हुई है। इससे स्पष्ट है कि 'कुंभ' ज्ञान का प्रतीक है। ज्ञान ही अमृत है। इसी अमृत की प्राप्ति कुंभ पर्व का उद्‍देश्य है।

□

गंगा की व्युपत्ति और महत्ता

'गंगा' संभवत: आस्ट्रिक भाषा का शब्द है। इसी से मिलता-जुलता आधुनिक बंगाली भाषा के 'गंग' शब्द का अर्थ है नदी या गूल। बर्मा, हिंद, चीन और दक्षिणी चीन में भी मूल आस्ट्रिक भाषा अभी तक मिलती है। भारत में गंग शब्द का पर्याय हिंद-चीन में खंग हो जाता है। जैसे कि माँ-खंग और दक्षिणी चीन में क्यांग, खंग, धंग आदि लगभग एक दर्जन शब्द नदियों के नामांत में जुड़े हैं। ऐसा लगता है कि यह सभी शब्द 'गंग' शब्द से ही उत्पन्न हुए हैं।

भारतीय संस्कृति में नदियों का एक विशेष महत्त्व है। नदियों को माता अथवा देवी के रूप में पूजा जाता है। ऐसी मान्यता है कि नदियों में स्नान करने अथवा डुबकी लगाने से पापों का नाश होता है।

वैज्ञानिक दृष्टिकोण से देखा जाए तो नदियों के जल में अनेक जड़ी-बूटियों का रस, गंधक, अभ्रक इत्यादि अनेकानेक रासायनिक तत्त्व घुले होते हैं। इनमें शरीर को स्वस्थ रखने के साथ-साथ बीमारियों से लड़ने की क्षमता भी प्राप्त होती है। इसलिए नदियों को पवित्र कहा जाता है। गंगा भारत की प्राचीन एवं पवित्र नदियों में से एक है।

गंगा मात्र एक नदी नहीं हैं, वह एक आस्था है, धर्म है। गंगा जीवनदायिनी है, मंगलकारिणी है। यही कारण है कि हमने उसे देवनदी का स्वरूप व उसके जल को चरणामृत के रूप में ग्रहण किया है। इसी सत्य को अपने शब्दों में अभिव्यक्त करते हुए रामभक्त गोस्वामी तुलसीदासजी कहते हैं—

गंग सकल मुद मंगल मूला।
सब सुख करनि हरनि सब सूला॥

वेदों से लेकर अद्योपरांत वाङ्मय का शायद कोई ऐसा गौरव गंथ होगा, जिसमें गंगा की महिमा का वर्णन न हो। भगवान् श्रीकृष्ण ने गीता में कहा है—**स्थावराणां हिमालयः** "स्थावरों में मैं हिमालय हूँ।" उसी प्रकार पतितपावनी गंगा के लिए भी कहा है—**स्रोतसामस्ति जाह्नवी** "नदियों में मैं गंगा हूँ।" ऋग्वेद के नदी सूक्त से लेकर आधुनिक काल तक विभिन्न ग्रंथों में 'गंगा' का नाना रूपों से स्मरण व पूजन किया गया है। पंडितराज जगन्नाथ की 'गंगालहरी', कालिदास के 'कुमारसंभवम्' और आदिगुरु शंकराचार्य के 'गंगाष्टक' में गंगा के विविध स्वरूपों का जितना उत्कृष्ट स्तवन व वर्णन हुआ है, ऐसा शायद ही अन्य किसी ग्रंथ में हुआ होगा। आदि शंकराचार्य लिखते हैं—

विधिर्विष्णु शम्भुस्त्वमसि पुरुषत्वेन सकलाः,
रमोमागीसख्या त्वमसिललना जह्नुतनये।
निराकारागाधा भगवति! सदा त्वं विहरसि,
क्षितो नीराकारा हरसि जनतापान्स्वकृपया॥

अर्थात् 'हे गंगे! पुरुष रूप में तुम ब्रह्मा, विष्णु और महेश हो। स्त्री रूप में रमा, उमा और सरस्वती हो। हे परम ऐश्वर्यशालिनी गंगे! तुम निराकर ब्रह्ममयी हो, तो साथ ही अपार महिमावाली भी हो।

"हे भगवती गंगा! तुम इस पृथ्वी पर जल का रूप धारण कर सांसारिक प्राणियों का दुख अपनी अनुकंपा से दूर करती रहती हो।"

आयुर्वेद में गंगा जल को हर प्रकार से उपयोगी बताया गया है। चरक संहिता में पर्वतराज हिमालय के हिम पिघलने से जन्मी गंगा के जल को शक्ति और आरोग्यवर्धक बताया गया है, 'हिम्वप्रभवाः पथ्या'। आचार्य वाग्भट्ट के अनुसार, 'हिमालय से निकलनेवाली नदियों का जल पत्थरों विभिन्न प्रकार के लवणयुक्त चट्टानों से टकराकर औषधिगुण युक्त हो जाता है।'

सन् 1060 में हुए आयुर्वेदाचार्य चक्रमणि दत्त के अनुसार, तीव्र प्रवाही

नदियों का जल स्वास्थ्यकर और मंद प्रवाही नदियों का जल अस्वाथ्यकारी होता है। इस नाते देखें तो गंगा का अत्यंत तीव्र प्रवाह हरिद्वार तक रहता है, जो औषधिस्वरूप है। इलाहाबाद, वाराणसी तक आते–आते प्रदूषण के कारण यह जल अपने बहुत से गुण खो देता है।

जगद्गुरु शंकराचार्य ने ही नहीं अपितु रामानुज, बल्लभाचार्य, रामानंद, चैतन्य महाप्रभु, स्वामी रामतीर्थ, स्वामी प्रणवानंद आदि अनेक संत–महात्माओं ने गंगा की महिमा का गुणगान किया है। इसी प्रकार सभी महान् साहित्कारों व काव्यकारों ने गंगा माता के गुणगान से अपनी रचनाओं का गौरव बढ़ाया है।

नगाधिराज देवात्मा हिमालय का अपना विशिष्ट स्थान है। वह भारतीय संस्कृति एवं जनजीवन में होनेवाले निरंतर परिवर्तन का साक्षी है। गंगा इसी हिमालय के मध्य भाग (गढ़वाल) के सतोपंथ हिमानी से निस्सृत होती है। गंगा को दो धाराएँ, विपरीत दिशाओं में अलकनंदा तथा भागीरथी के नाम से बहती हुई देवप्रयाग नामक स्थान पर एक–दूसरी में मिल जाती हैं। यहीं से वह गंगा के नाम से जानी जाती है।

कई वर्षों तक खराब नहीं होता गंगाजल

'हठयोगी' अमृत कुंभ और जयंत की कथा को हठयोग साधना का प्रतीक मानते हैं। वे इस शरीर में ही समस्त तीर्थों का निवास मानते हैं। 'कुंभ का अर्थ इनकी भाषा में ब्रह्मरंध्र स्थित सहस्त्रार चक्र है, जो अमृत से परिपूर्ण है। अत: योग द्वारा इसका अमृत पान कराना ही कुंभ पर्व का महास्नान है।'

समाज के दृष्टिकोण से मकर संक्रांति से लेकर माघ मास की पूर्णिमा तक चलनेवाले कुंभ पर्व में गंगा स्नान, दान, पूजा–पाठ करने का विशिष्ट महत्त्व है। जिससे पाप नष्ट हो जाते हैं और स्वर्ग की प्राप्ति होती हैं। अरोग्यशात्र के अनुसार, 'गंगा' के जल में हिमालय क्षेत्र की ब्राह्मी, रत्नज्योति आदि जड़ी–बूटियाँ तथा शिलाजीत आदि खनिज, उसके जल–स्रोत्रों के जल में घुलकर मिलते रहते हैं। जिससे इसका जल पवित्र, सर्वरोग नाशक, मीठा, पाचक, रुचिकर, पथ्यकारक, त्रदोष नाशक, आयुबर्द्धक और गुणयुक्त बना रहता है।

मैंने स्वयं गंगोत्री से एक किमी. नीचे सोडावाटर जैसे स्वाद वाली जलधारा को भागीरथी में मिलते देखा है। ऐसी अनेक औषधीय गुण वाली नदियाँ गंगा में मिलती है। यही कारण है कि गंगाजल कई वर्षों तक रखा रहने पर भी खराब नहीं होता है जबकि अन्य नदियों के जल दूषित हो जाते हैं।

□

इसलिए पड़ा 'कुंभ' नाम

'कुंभ' नाम को सार्थक करता 'कुंभ' महापर्व का इससे बेहतर और कोई प्रतीक नाम नहीं हो सकता। भारतीय जीवन में 'कुंभ', यानी कलश का विशेष महत्त्व रहा है। यह पवित्रता और परोपकार का प्रेरणादायी और पुण्यदायी प्रतीक है। इसलिए हमारी कला और संस्कृति का भी शिखर प्रतीक होने के साथ-साथ यह व्यष्टि और समष्टि का भी परम प्रतीक है। 'कुंभ' यानी कलश को देव-अर्चना में स्थापित करने की परंपरा सदियों पुरानी है। पंच पल्लव, पंचगव्य, नारियल आदि जड़ित कलश के बगैर हमारे मांगलिक कार्यों की कल्पना भी नहीं की जा सकती। कलश शुभकारी, कल्याणकारी कामना का प्रतीक है।

भारतीय संस्कृति और सनातन धर्म में किसी भी शुभ कार्य को प्रारंभ करने से पूर्व कलश स्थापना की परंपरा है। स्थापना के पश्चात् कलश की पूजा-अर्चना की जाती है, कोई भी धार्मिक कार्य कलश पूजा की बिना संभव नहीं होता। गणेशजी की स्तुति और दीप प्रज्वलित करके पूजा को विधिपूर्ण संपन्न किया जाता है। माना जाता है कि कलश में सभी देवताओं का वास होता है।

कलशस्य मुखे विष्णु कण्ठे रुद्र समाश्रितः।
मूले त्वस्य स्थितो ब्रह्मा मध्ये मातृगणाः स्मृताः॥
कुक्षौ तु सागराः सर्वे सप्तद्वीपा वसुन्धरा।
ऋग्वेदोऽथ यजुर्वेदः सामवेदो ह्यथर्वणः॥
अङ्गैश्च सहिताः सर्वे कलशं तु समाश्रिताः॥

अर्थात् कलश के मुख [illegible] विष्णु, कंठ में रुद्र, मूल में ब्रह्मा, मध्य में मातृगण, कोख में समस्त सागर, पृथ्वी एवं सभी वेद अंगों सहित निवास करते हैं।

कुल मिलाकर भारतीय दर्शन में 'कुंभ' सृजन व मंगल का प्रतीक है। इसलिए कोई भी मांगलिक कार्य इसके बगैर अधूरा है। मूलतः 'कुंभ' 'घट' का पर्याय है और घट 'शरीर' का। इसी घट में 'घट-घट व्यापी' आत्मा का अमृतरस व्याप्त रहता है। 'कुंभ', कलश व घड़ा पर्यायवाची शब्द हैं। 'कुंभ' 'माटी' का यानी 'नश्वर' होता है और अपना उद्देश्य पूरा कर खंडित हो जाता है। यानी फिर माटी में ही मिल जाता है। यही मानव काया के साथ भी होता है। अतः इस कायनात, यानी सृष्टि के साथ-साथ मानव काया का भी प्रतीक है 'कुंभ'।

भारतीय दर्शन में सर्वसिद्धि प्रदान करने का प्रतीक 'कुंभ'

जहाँ तक कुंभ पर्व की बात है, यह महापर्व मानव काया को सार्थकता प्रदान करने का न सिर्फ संदेश और प्रेरणा देता है, बल्कि सेवा, परोपकार, संतोष आदि संस्कारी भावों को आत्मसात् करवाकर कार्यान्वित भी कराता है। 'कुंभ' इन्हीं सात्त्विक वृत्तियों का पावन प्रतीक है। इसीलिए हमारे मनीषियों ने इस महापर्व का भी यह 'कुंभ' नाम दे दिया।

शब्दकोश में कुंभ के अनेक अर्थ है। कुंभ अर्थात् कलश, मिट्टी का

घड़ा, हाथी के सिर का दोनों ओर उभरा भाग, ज्योतिष विद्या में इसका अर्थ एक राशि विशेष है।

पुराणों, शास्त्रों एवं वैदिक मत्रों में भी अनेक स्थानों पर कुंभ की चर्चा है।

चतुरः कुम्भाश्चतुर्धा ददामि

अथर्ववेद 4/37/7

वेद में कुंभ के विषय में वर्णन है

कुं पृथ्वी भावयन्ति सङ्केतयन्ति भविष्यत्कल्याणादि

आस्था एवं विश्वास के देश भारत में जनमन में कुंभ अर्थात् कलश का एक विशिष्ट महत्त्व है। सजा-धजा कुंभ हमारी कला और संस्कृति का प्रतिनिधित्व करता है, वहीं दूसरी ओर कुंभ संपूर्ण सृष्टि एवं पूर्ण व्यक्तित्व का प्रतीक भी माना जाता है। कलश को ब्रह्मा, विष्णु और महेश का साक्षात् रूप भी माना गया है।

कुंभ की पूजा करने का विधान सनातन धर्म के आस्थावान भारतीयों में सर्वत्र पाया जाता है। पुराणों में कलश को अमृत घट कहा गया है, इसका निर्माण सागर मंथन के पश्चात् निकले अमृत (पीयूष) को रखने के लिए किया गया था।

पीयूषधारणार्थाय निर्मितो विश्वकर्मणा

□

मानवता का कालजयी उपक्रम

कुंभपर्व हमारे चिंतक एवं मनीषी वर्ग के ऋषि-मुनियों की अनूठी देन है। उनकी सोच कितनी उदार, उद्‌भट और उन्नत रही होगी, यह कुंभ जैसे महापर्व से स्पष्ट हो जाता है। सामाजिक समरसता, समृद्धि और संस्कार इस महापर्व का मूल मकसद है। इसी मूल भावना से इस महापर्व की परिकल्पना की गई। यह उस दौर की बात है, जब हमारे समाज के नीति-नियंता हमारे ऋषि-मुनि प्रखर और प्रभावी भूमिका में रहे और समाज उन्हीं के दिशा-निर्देशों पर चला करता था। यह उन्हीं का पुण्य प्रयास था कि भारतीय सनातन संस्कृति आज सदियों बाद भी अक्षुण्ण है। इसी संस्कृति का प्रतीक हमारा कुंभ महापर्व भी है, जिसमें बिना न्योता-निमंत्रण के करोड़ों जन सदियों से एकत्र होते आ रहे हैं।

समृद्ध-संस्कारित समाज मूल ध्येय

जाहिर है, कुंभ जैसे धार्मिक व आध्यात्मिक पर्व को लेकर हमारे मनीषियों ने खूब माथा-पच्ची की होगी और अंततः इस परम निष्कर्ष पर पहुँचे होंगे कि विचारों के मंथन से ही सन्मार्ग यानी सुखमय जीवन जीने की कला का सूत्र मिल सकता है। इस तरह तमाम कसौटियों पर कसते हुए यह तय किया होगा कि समाज के चिंतक-मनीषी एक निशिचित अवधि के अंतराल में किसी स्थान विशेष पर मिला करेंगे। यहाँ एक और उल्लेखनीय बात यह है कि इसमें सांसारिक जनों के साथ-साथ साधु-संन्यासियों को भी जोड़ा गया। इस तरह मिल-बैठकर विचार करने और कोई रास्ता निकालने

के लिए योगियों, यानी साधु-संतों और भोगियों, मतलब सांसारिकों अर्थात् गृहस्थों का यह अनूठा समागम शुरू हुआ। धीरे-धीरे कालांतर में इस महा समागम ने विकसित होकर वर्तमान में कुंभ का रूप ले लिया। आगे हम इस विराट् महापर्व पर भी विस्तार से बातचीत करेंगे।

'ज्ञान सत्र' के रूप में हुई शुरुआत

तमाम जानकारियाँ मिलती हैं कि प्राचीन काल में हमारे तत्त्वज्ञ ऋषि-मुनि 'मोक्ष' कामना व लोक-कल्याण की भावना जगाने के लिए गंगा आदि पावन नदियों के तटों पर 'ज्ञान सत्र' आयोजित किया करते थे। इन सत्रों का मूल उद्देश्य था, मानव जाति का सर्वविध कल्याण, यानी समाज जगे, उसे

नई चेतना मिले और वह धर्म पर चले। कुल मिलाकर लौकिक-पारलौकिक विषयों पर मंथन-चिंतन इन आयोजनों का ध्येय हुआ करता था। इस तरह ये आयोजन न केवल समाज को शिक्षित-संस्कारित करने में उल्लेखनीय भूमिका निभाते थे, बल्कि सामाजिक सुदृढ़ता, सामाजिक समरसता के साथ-साथ सामाजिक समस्याएँ सुलझाने में भी इनका गजब का योगदान रहता था।

धीरे-धीरे बन गया राष्ट्रीय महापर्व

धीरे-धीरे इन आयोजनों को पवित्र तीर्थ स्थलों पर पर्वों के रूप में समारोहपूर्वक मनाया जाने लगा, इससे भारतीय 'धर्म-प्राण' जनता धार्मिक व आध्यात्मिक तौर पर गहरी जुड़ती चली गई। यही नहीं, इन आयोजनों को समारोहपूर्वक मनाने से भारतीय सनातन संस्कृति की समृद्ध परंपरा के दर्शन के साथ-साथ, धार्मिक मर्यादा की भी झलक मिलती है। विविधता में एकता और बंधुत्व की भावना प्रगाढ़ होती है। इसी परंपरा में मनाया जानेवाला चिरंतरकालीन राष्ट्रीय महापर्व है 'कुंभ'।

लौकिक व आध्यात्मिक भूमिका बनी रीढ़

हमारे मनीषियों ने इस महापर्व के माध्यम से जहाँ गृहस्थजनों की भूमिका सुनिश्चित की, वहीं साधु समाज का भी दायित्व तय कर दिया, ताकि समाज के सर्वांगीण विकास में लौकिक व आध्यात्मिक, दोनों की महती भूमिका बनी रहे।

□

आस्था एवं राष्ट्र-चिंतन का दुर्लभ समागम

'कुंभ' वह महासंगम है, जहाँ 'जलधाराओं' की तरह ही विभिन्न 'जनधाराएँ' एक-दूसरे में घुल-मिल जाती हैं। यहाँ तक कि साधु समाज की 'दिव्यता' और आम समाज की 'दीनता' भी यहाँ खो जाती है, फिर न कोई दिव्य संन्यासी रह जाता है और न दीन संसारी। यहाँ सभी अहंकार-आडंबर त्यागकर शील-सदाचारी श्रद्धालु बन जाते हैं। कुल मिलाकर इस समागम का ध्येय यह है कि योगियों एवं भोगियों के सामूहिक सहयोग से एक मर्यादित और सुखमयी समाज का मार्ग प्रशस्त हो सके। 'कुंभ' इसी का प्रतीक है और इसी 'प्रेरणामयी मानव स्वरूप' को बनाए रखने का संकल्प एवं दिव्य प्रदर्शन भी।

चमत्कृत करती दुनिया की अनूठी परंपरा

महाकुंभ में हमें सांसारिक व्यस्तताओं और चिंताओं से मुक्त हफ्तों-महीनों से घर-बार त्यागे सेवा-सत्संग व आत्म-चिंतन में जुटे सात्त्विक जनों के सान्निध्य का सौभाग्य मिलता है। साथ ही हमारा अपनी अनूठी चमत्कृत कर देनेवाली परंपरा से परिचय होता है। इसके साथ ही हम सदियों से चली आ रही इस परंपरा को आनेवाली पीढ़ियों के लिए सहेज जाते हैं। यही सीख, यही प्रेरणा असंत को भी संत बना देती है। यह सिलसिला अक्षुण्ण रहे और भी सुदृढ़, समृद्ध हो, यही कुंभ का मूल उद्देश्य है।

मानवता को समर्पित यह दुनिया का एकमात्र ऐसा दुर्लभ महापर्व है, जो संन्यासियों और संसारियों के स्वत:स्फूर्त तालमेल से मानवता की अनमोल विरासत बन गया।

हमारे अनेक इतिहासकार एवं विद्वान् कुंभ स्नान की परंपरा को वेदस्थल से जोड़ते हैं। वेदों में हालाँकि कुंभ का वर्णन है, किंतु कुंभ स्नान से उसका स्पष्ट अर्थ नहीं मिलता। ऐसा अनुमान लगाया जाता है कि वेदकाल के तुरंत बाद कुंभ स्नान की परंपरा पड़ी होगी।

वेदकाल में चार आश्रमों का वर्णन बताया गया है। संन्यास आश्रम के संन्यासियों का कार्य विरक्त जीवन जीते हुए राष्ट्र कल्याण के लिए कार्य करने और राष्ट्र के दिए सद्बुद्धि देने का था। ये साधु सामान्य जन को ज्ञानोपदेश देते थे और प्रत्येक छठे और बारहवें वर्ष एक स्थान पर इकट्ठा होकर राष्ट्रहित के लिए चिंतन् मनन करते थे। इन्हीं स्थानों पर राजा–महाराजा भी आते थे, जिन्हें संन्यासियों द्वारा कर्तव्य–पाठ पढ़ाया जाता था।

कथाओं के अनुसार महाभारत काल में पांडवों ने कुंभ योग में डुबकी लगाई थी, जिसके बाद ही उन्हें ब्रह्महत्या और बंधु–बांधवों के वध के पाप से मुक्ति प्राप्त हुई थी। भारतीय इतिहास में देवों और दानवों की सागर–मंथन

की घटना प्रासंगिक है, समुद्र–मंथन से निकला अमृत हरिद्वार, उज्जैन, प्रयाग, नासिक चार स्थानों पर छलका, ये चारों स्थान समाज के वैचारिक मंथन के केंद्रबिंदु भी बने हैं। 12 वर्ष के अंतराल के पश्चात् पड़नेवाले इन कुंभपर्वों पर विचार किए जानेवाले प्रश्नों के दूरगामी परिणाम निकलते हैं। सही विचारों का मंथन और उससे निकलनेवाले परिणाम ही वास्तविक रूप से अमृत हैं। कुंभ का अर्थ केवल स्नान करना ही नहीं, अपितु यह आध्यात्मिक उन्नति के साथ ही देश एवं राष्ट्र की ज्वलंत समस्याओं के निराकरण करने हेतु एक विचार मंच भी है। इस मंच से निकला संदेश पूरे राष्ट्र में नहीं, वरन् पूरे विश्व में जाता है और उसके सकारात्मक परिणाम भी निकलते हैं। इस प्रकार किसी भी कुंभ में दंत समस्याओं का मंथन होता है और सार्थक परिणामों के साथ ही कुंभ पर्व के सार्थकता भी परिलक्षित होती है।

□

पाठशाला ही नहीं, कार्यशाला भी है

'कुंभ' सद्‌बुद्धि व सन्मति देने का महापर्व है। यह हमें समतामयी समाज की सीख देता है। सदाचारी बनने का संदेश व प्रेरणा देता है। यों भी हमारे मेले-पर्व सिर्फ मन बहलाव या मनोरंजन के साधन भर नहीं हैं, बल्कि इनके जरिए हमारी सांस्कृतिक परंपराएँ सुरक्षित रहती हैं। एक समृद्ध संस्कारी समाज की सीख व संदेश इसमें समाहित रहते हैं। चूँकि पुरातन काल से ही सन्मार्ग और सुखमयी समाज के लिए हमारे यहाँ चर्चा-परिचर्चा, पंचायत आदि की परंपरा रही है। ऐसे में राष्ट्रीय फलक पर बड़े समाधानों के लिए 'कुंभ' जैसे आयोजन को व्यापक दूरदर्शी कल्पना की उपज कहें तो अतिशयोक्ति नहीं होगी।

भारतीय संस्कृति में तीर्थों को लेकर विशेष आस्था रही है। इसलिए हमारे तत्त्वज्ञ ऋषियों ने मानव मन को प्रेरित करने के लिए तीर्थों पर इन आयोजनों की आधारशिला रखी और इन्हें समारोहपूर्वक मनाने की परंपरा डाली।

एकसूत्र में बाँधने का अद्‌भुत प्रयोग

इस तरह ये आयोजन हमारे उत्सव और संस्कृति के प्रतीक तो होते ही हैं, साथ ही अच्छे विचारों के प्रचार-प्रसार में मददगार भी होते हैं। हमारी तमाम सामाजिक समस्याएँ सुलझाने, सामाजिक विघटन को रोकने और आपसी समन्वय व सद्‌भाव बढ़ाने में भी ये आयोजन अहम भूमिका निभाते आए हैं। इसीलिए हमारे पवित्र तीर्थों में तमाम धार्मिक आयोजन और विभिन्न पर्वों को समारोहपूर्वक मनाए जाने का विधान बनाया गया है। इन आयोजनों

में हमारी समृद्ध संस्कृति की झलक तो मिलती ही है, साथ में धार्मिक आस्था और मर्यादा के दर्शन भी होते हैं। 'कुंभ' में हमारे समग्र भारत और उसकी धर्मप्राण जनता के बंधुत्व की भी झलक देखने को मिलती है। 'कुंभ' में देश के कोने-कोने से वृद्ध, युवा व बच्चों से लेकर संत-महात्मा सभी श्रद्धा से भाग लेते हैं और कई-कई दिनों तक अपनी सारी चिंताओं व व्यस्तताओं को भूलकर स्नान-ध्यान के साथ-साथ आत्मचिंतन, सत्संग का पुण्यलाभ अर्जित करते हैं।

आस्था के साथ-साथ चिंतन का भी पर्व

'कुंभ' पीढ़ियों से चली आ रही हमारी सनातन संस्कृति व परंपरा से जुड़ा एक बड़ा आयोजन है। यह परंपरा आनेवाली पीढ़ियों के लिए भी अक्षुण्ण बनी रही, इसके लिए तय हुआ होगा कि समाज के चिंतक, मनीषी एक निश्चित अवधि पर एक जगह एकत्र होंगे और समाज को अपनी संस्कृति से जोड़े रखते हुए उसका मार्गदर्शन भी करेंगे। इस पावन उद्देश्य से हमारे महापुरुषों ने इस महापर्व को 'कुंभ' नाम देकर संपूर्ण भारतवासियों को सांस्कृतिक एकता के सूत्र में बाँधने का अभूतपूर्व उपक्रम किया।

भारतीय संस्कृति का विराटतम सम्मेलन

विश्व कल्याण और मानव हितार्थ गोष्ठियों और कार्यशाला के रूप में शुरू हुआ यह क्रम वैदिक काल के पूर्व से ही चला आ रहा है। इसमें गृहस्थों से लेकर तपस्वी, ऋषि-मुनि, संत-महंत, धर्माचार्यगण आदि पूरी आस्था से भाग लेते आए हैं, साथ ही दान-धर्मादि अनुष्ठानों के साथ-साथ ईश वंदना व नैतिक और समृद्ध समाज के निर्माण की चर्चा-परिचर्चा आयोजित करते रहे हैं। यह भारतीय संस्कृति का एक विराटतम सम्मेलन है, जो सदियों से निर्वाध आयोजित होता आ रहा है, वह भी बिना आमंत्रण-निमंत्रण या बिना किसी लोभ-लालच के। दुनिया के इस विराटतम समागम से चमत्कृत विदेशी मनीषी आज इस पर गहन शोध में भी लगे हैं।

□

सदियों पुरानी सांस्कृतिक महायात्रा

गोत्र यानी गुरु-परंपरा से अर्जित संस्कार पीढ़ियों तक पहुँचाने की सदियों पुरानी संस्कृति रही है इस देश की। कुंभ भी इसी गोत्र संस्कृति का सदियों से निर्वहन करता आ रहा है और यह जिम्मेदारी विराट् रूप में पूरे मानव समाज के लिए निभाता आ रहा है। इसलिए 'महागोत्र' है यह कुंभ, किंतु इसे बड़ी विडंबना ही कहिए कि जिस महापर्व की विराटता और विशिष्टता से दुनिया चमत्कृत और चकित है, हम उसके सही-सटीक इतिहास तक से अनभिज्ञ हैं। इस महापर्व की प्राचीनता और परंपरा आज भी पूरी तरह कयासों और मिथकों-मान्यताओं पर ही टिकी है। हम अपने वेद-पुराणों के संदर्भों को लेकर भी अनमनस्क और मौन हैं। 'कुंभ' शब्द इन पावन ग्रंथों में आत्मा की तरह समाया हुआ है, मगर तीर्थ और महापर्व से इसका संदर्भ हम आज तक स्पष्ट नहीं कर पाए हैं, जबकि लोगों को जोड़ने और जगाने की यह 'कुंभ गोत्रीय' परंपरा आदिकाल से चली आ रही है।

कुंभ से घर-घर पहुँचा आध्यात्म का अभियान

महाकुंभ की विराटता और इसकी स्वयंस्फूर्तता व व्यवस्थित विशिष्टता ने दुनिया को रोमांचित किया है। देश-दुनिया के तमाम विद्वान् इसका मर्म जानने में जुटे पड़े हैं। यह सिर्फ एक धार्मिक मेला ही नहीं, आस्था के साथ-साथ विचार मंथन और उसके प्रेषण का भी महा केंद्र रहा है। यही वजह है प्रत्येक धार्मिक आचार्य, दार्शनिक, समाज-सुधारक, संप्रदाय प्रवर्तकों से लेकर संत-महात्माओं तक ने अपने विचारों को जन-जन तक पहुँचाने के

लिए इस महा समागम का समय-समय पर उपयोग किया।

समय के साथ-साथ कुंभ के स्वरूप में भी बदलाव आया है, किंतु समाज में आज भी कुंभ के प्रति वही आधार और आस्था है।

प्रत्येक समाज की अपने युग की कुछ-न-कुछ समस्याएँ होती हैं। उनका समाधान विचार-मंथन के माध्यम से निकाला जाता रहा है।

विचार-मंथन एक सतत प्रक्रिया है। संभवतः हमारे ऋषि-मुनियों ने इसी उद्‌देश्य से प्रत्येक बारह वर्षों के कालखंड में चार कुंभ और अर्धकुंभों की व्यवस्था की। इसका उद्‌देश्य वृहद् समागमों के माध्यम से विश्व, देश, समाज एवं धर्म में व्याप्त दुष्प्रवृत्तियों को समाप्त करके उन्हें समयोचित ज्ञान की व्यवस्था देना था। यह व्यवस्था आज तक चली आ रही है। कुंभ के अवसर पर हमारे ऋषियों, मुनियों, महर्षियों और तत्त्वज्ञानियों द्वारा धार्मिक आयोजनों की पुनर्व्याख्या, प्रकृति के तत्त्वों की खोज, ज्ञान के नए क्षितिजों की खोज की गई है। देशकाल और परिस्थितियों के अनुसार कुंभ के अवसर पर संत महात्माओं, ऋषियों, मुनियों द्वारा समाज को नई राह दिखलाई जाती रही है। □

अंतःस्नान का भी महापर्व

मानव जीवन में 'आलोक' और 'अंतःचेतना' का संचार करनेवाला यह एक ऐसा सांस्कृतिक समागम है, जो राष्ट्रचेतना और अखंडता के साथ-साथ आध्यात्मिक चेतना का भी आधारस्तंभ है। सदियों से अपनी निरंतरता को अक्षुण्ण रखते हुए यह महापर्व अपनी सर्वमान्य महत्ता और विशालता के साथ-साथ करोड़ों लोगों को धर्म-संस्कृति से जोड़े हुए है।

'अंतःपरिशुद्धि' यानी 'चित्त-निर्माण' के इस चिरंतन सत्य और अमृतोपम संदेश को जन-जन तक पहुँचाने के उद्‌देश्य से ही हमारे तत्त्वज्ञ दृष्टा ऋषियों ने लोक कल्याण व लोकमंगल की पावन भावना को लेकर

महाकुंभ के आयोजन का विधान किया। इसके तहत तीन-तीन वर्ष के अंतर में चार पावन तीर्थों, क्रमशः हरिद्वार, प्रयाग, उज्जैन, नासिक में बारह वर्षीय 'कुंभ' की शास्त्र सम्मत व्यवस्था की।

यही नहीं, इस विराट् धार्मिक आयोजन को जन-जन से जोड़ने के लिए हमारे उद्भट ऋषि-मुनियों ने विभिन्न देवी-देवताओं से लेकर तमाम तीर्थों-पर्वों व उत्सवों से जोड़कर ऐसी सुदृढ़ व्यवस्था बनाई कि पूरब से पश्चिम और उत्तर से दक्षिण तक देश के सभी क्षेत्रों से लोग समय-समय पर मिलकर, इन पर्वों और उत्सवों को मनाते हैं। हमारे तमाम धार्मिक सांस्कृतिक मेले और उत्सव इसके उदाहरण हैं। इन्हीं आयोजनों में सबसे विराट् आयोजन और अनुष्ठान है हमारा 'कुंभ महापर्व।'

भारतीय मनीषियों ने देवी-देवताओं एवं ज्ञान-विज्ञान ग्रंथों तथा प्राकृतिक संपदाओं की कल्पना भी कुंभ के स्वरूप में ही की है।

यह बात सर्वविदित है। भारतीयों के प्रत्येक पर्व एवं त्योहारों की नींव किसी ठोस वैज्ञानिक तथा तार्किक आधार पर रखी गई है। इन सभी पर्वों और त्योहारों की जड़ में कुछ-न-कुछ वैज्ञानिक रहस्य अवश्य होता है। यही रहस्य मनुष्य के लिए आत्मशुद्धि तथा स्वास्थ्य की दृष्टि से लाभदायक होता है।

इसी तरह कुंभ पर्व के स्थान, दिवस, समय एवं स्नान आदि भी गृह एवं नक्षत्रों के विशेष योग, संधि एवं सम्मिलन से ही संचालित होते हैं। इन्हीं विशेष तिथियों में 'स्नान' के पीछे भी कई वैज्ञानिक कारण हैं।

पृथ्वी अपनी विशेषताओं के कारण ग्रह, उपग्रह एवं नक्षत्रों के सापेक्ष अपनी स्थिति बदलती रहती है। किसी काल या किसी विशेष समय अथवा विशेष अवसर पर पृथ्वी के किस भाग पर किन परिस्थितियों और किस मौसम में मनुष्यों और जीव-जंतुओं पर क्या प्रभाव पड़ेगा, इसकी गणना हमारे मनीषियों द्वारा हजारों वर्षों पूर्व कर दी गई थी। ज्योतिष विज्ञान के आधार पर की गई इस गणना में उन स्थानों को 'तीर्थ' और उन तिथियों को 'पर्व' कहा गया।

भारत-भूमि आस्था और धार्मिक भावनाओं की भूमि रही है, यहाँ आस्थामयी धार्मिक आयोजनों में जनमानस सारे भेदभाव व वैमनस्य भूलकर समता, समर्पण का वरण कर लेता है और आत्मचिंतन व आत्ममंथन पर उतर आता है।

इसी मनोविज्ञान के पारखी हमारे ऋषि-मुनियों ने तीर्थों-पर्वों की ऐसी व्यवस्था बनाई कि उत्तर से दक्षिण और पूर्व से पश्चिम तक देश के कोने-कोने से लोग समय-समय पर आकर इन तीर्थों-पर्वों में शिरकत करें, ताकि अपनी संस्कृति को समझने के साथ-साथ सद्भाव व बंधुत्व के एकसूत्र में बँध सकें।

□

लोक-परलोक को जोड़ता 'कुंभ'

ग्रहों का इससे बड़ा प्रभाव और क्या हो सकता है कि नियत तिथि और समय पर करोड़ों लोग आस्था की डुबकी लगाने स्वतःस्फूर्त होकर कुंभ में आते हैं और 'स्वः' का त्याग कर 'सर्वे भवन्तु सुखिनः' की कामना करते हैं। काम-धंधा, घर-बार की परवाह न कर दान-पुण्य में जुटे रहते हैं। दंभ-त्यागकर शील-सदाचार अपना लेते हैं। यह हृदय-परिवर्तन इसी ग्रह योगों का माहात्म्य है। ग्रहों के योग पर आधारित हमारे धार्मिक आयोजन विज्ञान की कसौटी पर खरे पाए गए हैं। इनका लौकिक ही नहीं, पारलौकिक नाता भी है।

'कुंभ' महापर्व भी इन्हीं में से एक है। तमाम पौराणिक अध्ययनों व शोधों से प्रमाणित हुआ है कि ग्रह योगों का मानव जीवन पर गहरा प्रभाव पड़ता है। 'कुंभ' के अवसर पर जो ग्रह योग बनते हैं, वे मानव प्रवृत्ति समेत उसके स्वभाव, स्वास्थ्य और मनोदशा को भी प्रभावित करते हैं। ग्रहों के इन योगों का संपूर्ण सृष्टि और जीव-जंतुओं पर भी प्रत्यक्ष प्रभाव पड़ता है।

विज्ञान आधारित है ग्रह-नक्षत्रों का योग

हरिद्वार, प्रयाग, उज्जैन व नासिक चारों 'कुंभों' के समय के ग्रहयोग तामसी वृत्तियों के विनाश में सहायक और समाजिक-धार्मिक सद्भाव बढ़ाने में कारगर होते हैं। वैज्ञानिक सत्य है कि संसार दो प्रकार के विशिष्ट तत्त्वों से निर्मित है, एक, जीवन रक्षक और दूसरा, जीवन संहारक। ग्रहों के योग-संयोग से ये दोनों तत्त्व प्रभावित होते हैं। ग्रहों में आकृति में सर्वाधिक बृहत् और गुरुत्वाकर्षण में भी सभी ग्रहों से अधिक गुरुत्ववाला ग्रह गुरु, जिसे बृहस्पति

भी कहते हैं। बृहस्पति को ही सर्वाधिक जीवनवर्धक तत्त्वों का केंद्र माना गया है, इसलिए बृहस्पति का एक नाम 'जीव' भी है। इसी प्रकार शनि को जीवन संहारक ग्रह कहा गया है। यही कारण है, वैदिक साहित्य में बृहस्पति को 'जीवात्मा या देवगुरु' कहा गया है। सूर्य तो जीवनवर्धक तत्त्वों से भरा है ही, साथ ही चंद्रमा भी जीवनवर्धक है, लेकिन कुछ विशेष परिस्थितियों, जैसे अमावस्या आदि में यह जीवन संहारक प्रभाव भी छोड़ता है। यही कारण है सारे तंत्र-मंत्र व नकारात्मक कार्य अमावस्या में ही किए जाने का विधान है।

हमारे तीर्थ-पर्वों का माहात्म्य भी इसीलिए है

खगोलीय दृष्टि से सूर्य, बृहस्पति व चंद्रमा का विशेष महत्त्व है। विभिन्न ग्रहों के साथ इनकी मौजूदगी विशेष असरकारी होती है। इन्हीं को ध्यान में रखते हुए, हमारे तीर्थ-पर्वों की व्यवस्था की गई है। मानव शरीर पर आत्मारूपी सूर्य, मनरूपी चंद्रमा और ज्ञानरूपी बृहस्पति का 'कुंभ' योग में विशेष प्रभाव होता है।

परिणामस्वरूप मानव के तन-मन व नक्षत्र प्रभावित भू-भाग की विशेष नदियों पर जीवनवर्धक तत्त्वों की वृद्धि होती है। 'कुंभ' पर्व तथा बारह वर्ष के सौर चक्र का योग मानव जीवन व सृष्टि पर विशेष प्रभावकारी होता है। कुल मिलाकर 'कुंभ' पर्व के समय गंगा, गोदावरी, क्षिप्रा आदि नदियों के जल के कुंभकाल में मंगलकारी होने की मान्यता का वैज्ञानिक आधार है। इस तरह हमारे ऋषि-मुनियों के ज्ञान-विज्ञान का समय के साथ घटित रूपांतरण ही 'कुंभ' महापर्व है।

एकात्म हो जाने का महापर्व है—कुंभ

जैसे बूँद-बूँद समाहित होकर सरोवर, सरिता और सागर बन जाते हैं, ठीक उसी तरह मानव मानव से मिलकर मानव-मिलन का महाकुंभ बन जाते हैं। मानव के एकात्म हो जाने का महापर्व है महाकुंभ। मानव की भीतरी तरलता और सद्भाव सत्संग के द्वारा बाहर निकलकर प्रवाह रूप में प्रकट

हो जाते हैं और इस तरह 'जनधाराओं' का यह संगम 'जलधाराओं' के संगम सदृश सृजनात्मक और प्रेरणामयी हो उठता है।

कुल मिलाकर 'कुंभ' तत्त्वतः 'आत्म-साक्षात्कार' का भी पर्व है। वेद-मर्मज्ञों का कहना है, चंद्रमा मन का, सूर्य आत्मा का और बृहस्पति बुद्धि का प्रतीक है। ये तीनों देहरूपी 'कुंभ' की रक्षा करते हैं। मन, बुद्धि व आत्मा का संतुलित योग देह में निहित दिव्य शक्तियों को जाग्रत् करता है, सात्त्विक वृत्तियों व विचारों को जन्म देता है तथा आसुरी प्रवृत्तियों व विचारों को दूर भगाता है।

अमृतत्त्व 'आत्मा-साक्षात्कार से उत्पन्न अलौकिक आनंद' देवगणों अर्थात् सात्त्विक वृत्तिवाले साधकों को प्राप्त होता है। 'कुंभ' का आध्यात्मिक पक्ष यही है। सात्त्विक वृत्ति की ओर प्रेरित लोग यहाँ से मोक्ष-कामना और परोपकार की भावना लेकर जाते हैं।

□

सार्थक जीवन जीने की कला

कुंभ हमें हमारी संस्कृति और इतिहास से परिचय कराता है। यह पर्व हमें धार्मिक, आध्यात्मिक और कुल मिलाकर मानवीय गुणों को बनाता है। हमें आपस में जोड़ता और जगाता है। यही नहीं, यह हमारे साधु-संतों की महिमा और गरिमा से भी हमें परिचित कराता है। हमें अज्ञानता के अंधकार से बाहर निकालकर ज्ञानी और विवेकी बनाता है। वेद मात्र किताबी ज्ञान नहीं है। कुंभ इस ज्ञान को आत्मसात् कर जीवन में उतारने की प्रक्रिया है। इस तरह जीवन की एक मुकम्मल कार्यशाला है कुंभ, जो सार्थक जीवन जीने की कला सिखाता है।

कहते हैं, हमारे ऋषि-मुनियों ने समग्र, समुन्नत और संवेदनशील समाज के निर्माण के लिए मिल-बैठकर जो चर्चा-परिचर्चा की परंपरा शुरू की, वही कालांतर में 'कुंभ' रूप में विकसित हुई। हम जानते हैं, हमारे मंत्रों में चामत्कारिक शक्ति है। मंत्र रूप में संकल्प का उच्चारण अभीष्ट फल देता है। इसी तरह वेद-पुराणों में वर्णित कुंभ भी साक्षात् मंत्र है। कुंभ का संकल्प के साथ उच्चारण में मंगलकामना की सिद्धि समाहित है। यह मंत्र रूप में सर्वहिताय संकल्प है। शास्त्रकारों का मानना है कि मंत्ररूप में संकल्प का उच्चारण ही काफी नहीं है। कुंभ पर्व इसे आत्मसात् कर कार्यरूप में परिणित करता है, इसलिए महाकुंभ कहलाता है।

वैदिक काल से ही तपस्वी, ऋषि-मुनि, संत-महंत और धर्माचार्यगण अपनी शिष्य मंडलियों के साथ कुंभ पर्व पर एकत्र होते आए हैं और ईश चर्चा के साथ-साथ सुदृढ़ और नैतिक समाज के निर्माण के लिए पहल करते रहे हैं।

मेला कार्यों की समीक्षा करते मुख्यमंत्री

आद्य गुरु शंकराचार्यजी ने भारतीय संस्कृति धर्म और सभ्यता को एक सूत्र में बाँधने का कार्य किया। उन्होंने संपूर्ण भारत में सनातन धर्म को जीर्णोद्धार करके इसे पल्लवित और पुष्पित किया। देश को एक सूत्र में बाँधने के लिए उनके द्वारा ज्योतिर्मठ, शृगेरीमठ, गोवर्धनमठ एवं शारदमठ नाम से चार मठों की स्थापना की गई।

जगद्गुरु शंकराचार्य ने देश में फैले साधु-संतों को एकत्र करके उन्हें दशनाम संन्यासियों की श्रेणी में बाँटकर प्रत्येक मठ से संबंधित कर दिया। उन्होंने संन्यासियों के लिए यह भी व्यवस्था की कि वे चारों दिशाओं में लगने वाले कुंभ मेंलों में एकत्र होकर धर्म पर चर्चा करें, आपसी विचार-विमर्श करके राष्ट्र एवं समाज के लिए रीति, नीति एवं नियमों का निर्धारण करें। कुंभ पर्वों पर तभी से साधु-संन्यासियों के एकत्र होने की परंपरा प्रारंभ हुई। □

हरिद्वार बिना 'कुंभ' अधूरा

कुंभ परंपरा वैदिक काल से भी पूर्व से चली आ रही है। माना जाता है कि कुंभ की शुरुआत निश्चित तौर पर हमारी संस्कृति की शुरुआत के साथ ही हुई, लेकिन इसका हमें कहीं कोई स्पष्ट उल्लेख नहीं मिलता। ऐसे में हमें तमाम संदर्भों को जोड़कर शोधपरक निष्कर्ष निकालना होगा। वेदों-पुराणों से लेकर हमारे तमाम धार्मिक ग्रंथों के संदर्भों का शोधपरक अध्ययन करना होगा। साथ ही जनश्रुतियों के साथ-साथ वर्तमान से जुड़ी सामाजिक परंपराओं को भी जोड़कर देखना होगा।

यही नहीं, हम जानते हैं कि कुंभ की उत्पत्ति समुद्र-मंथन से हुई और कुंभ पर्व महापर्व समुद्र-मंथन से निकले अमृत कुंभ की स्मृति में आयोजित होता है। अत: कुंभ को कुंभ पर्व से जोड़ना कोई प्रज्ञापराध नहीं, बल्कि बिल्कुल न्यायसंगत है। यों भी हमारे वेदों, पुराणों की भाषाशैली रूपक व अलंकारों में है। जिसके कई अर्थ निकाले जाते हैं, लेकिन इस समुद्र-मंथन से कुंभ की पौराणिकता साबित हो जाती है।

सिंधु सभ्यता में भी कुंभ जैसे आयोजन के प्रमाण

वैदिक और पौराणिक साहित्य को अगर छोड़ दिया जाए तो 'कुंभ' के प्रमाणित दस्तावेज हमें मुगलकाल और इससे पूर्व सम्राट् हर्षवर्धन (612-647 ई.) के समय तक का ही ब्योरा दे पाते हैं। वह भी बहुत सीमित और काल विशेष के मतलब भर का। उदाहरण के लिए, सातवीं शताब्दी के चीनी यात्री ह्वेनसांग ने अपने यात्रा विवरण (629-645 ई.) में लिखा है

कि राजा शीलादित्य (हर्षवर्धन) पाँच वर्ष तक संग्रह की हुई अपनी सारी संपत्ति अपने पूर्वजों की तरह प्रयाग की पुण्य भूमि में आकर दान कर देता था। इससे कुछ लोगों का मानना है कि सम्राट् हर्षवर्धन ने ही 'कुंभ' का शुभारंभ किया, पर पूर्वजों का अनुसरण करते हुए इस परंपरा के निवर्हन के उल्लेख से स्पष्ट हो जाता है कि यह आयोजन उससे पूर्व भी होता आ रहा था। वैसे अब पुरातत्त्वविदों ने सिंधु घाटी सभ्यता से भी कुंभ के तमाम प्रमाण एकत्र किए हैं।

हरिद्वार से मिले हैं तमाम पुरातात्त्विक दस्तावेज

कुछ लोग 'कुंभ' को शंकराचार्य से भी जोड़ते हैं। कहते हैं कि उन्होंने ही वर्तमान 'कुंभ' पर्वों का स्वरूप स्थापित किया। कुछ विद्वान् 'कुंभ' को सिंधु घाटी सभ्यता से भी कहीं पहले का बताते हैं। हरिद्वार के आस-पास पुरातत्त्व विशेषज्ञों ने सिंधु घाटी सभ्यता के दौरान के मृद्‍भांड व अन्य सामग्रियाँ बरामद की हैं। इसका उल्लेख विस्तार से इसी पुस्तक में हरिद्वार से संबंधित सामग्री में आगे किया गया है। कुछ विद्वान् भारतीय इतिहास के स्वर्णिम युग 'गुप्त साम्राज्य' (320-600 ई.) को इसके वर्तमान स्वरूप का निर्धारण काल बताते हैं। उनकी दलील है कि जैसे पुराण आदि साहित्य इस दौरान संपादित होकर वर्तमान स्वरूप में आए ठीक उसी तरह ज्योतिष आधार पर 'कुंभ' पर्वों का स्थान काल नए रूप में सामने आया, पर इस सबसे भी जाहिर है कि 'कुंभ' पर्व इससे पहले भी आयोजित होता रहा है।

नौवीं सदी का मिला पाषाण फलक

हरिद्वार से नवीं सदी में निर्मित पाषाण फलक भी मिला है, जिसमें 'समुद्र-मंथन' का दृश्य उत्कीर्ण है, जो आज गुरुकुल के संग्रहालय में सुरक्षित है। नारद पुराण (सातवीं से नौवीं सदी) में भी हरिद्वार 'कुंभ' योग का जिक्र है, जबकि प्रयाग 'कुंभ' योग को लेकर ऐसा कोई स्पष्ट उल्लेख नहीं है। उसके लिए सिर्फ मकर राशिगत सूर्य अर्थात् मकर संक्रांति पर ही

स्नान-दान का महत्त्व लिखा है, जबकि हरिद्वार 'कुंभ' का उल्लेख करते हुए नारद पुराण का कथन है—

योऽस्मिन् क्षेत्रे नरः स्नायात्, कुम्भगेज्येऽजगे रवौ।
स तु स्याद्वृत्वापतिः साक्षात् प्रभाकर इवापरः॥

(नारद, 64/44, 45)

ईसा से 2000 वर्ष पूर्व की भी मिली है संस्कृति

गुरुकुल काँगड़ी विश्वविद्यालय के संग्रहालय के क्यूरेटर रहे पुरातत्त्ववेत्ता डॉ. सूर्यकांत श्रीवास्तव बताते हैं कि इस क्षेत्र में उत्खनन कर्ता ने सिंधु सभ्यता की तिथि 1600-1300 ईसा पूर्व मानी है, लेकिन नसीरपुर से प्राप्त गेरुए रंग वाली संस्कृति की तिथि के संदर्भ में यह कहना अनुपयुक्त नहीं होगा कि 1500 ई. पूर्व ही सिंधु काल के लोगों ने यहाँ निवास किया था। गंगा-यमुना के दोआब में लगभग दो हजार वर्ष ई.पूर्व संस्कृति के अवशेष मिलते हैं। उसे पुराविद् गेरुए रंग वाली मृद्भांड संस्कृति की संज्ञा देते हैं। इस संस्कृति के अवशेष लगभग 88 स्थानों के सर्वेक्षण में प्राप्त हुए हैं।

□

कुंभनगरी है हरिद्वार

जिस तरह प्रयाग समस्त प्रयागों में राजा यानी 'प्रयागराज' कहलाता है, उसी तरह हरिद्वार कुंभों में 'सर्वोपरि कुंभ' है। प्रयाग का मतलब होता है—संगम। आध्यात्मिक संदर्भ में जहाँ दो या दो से अधिक पावन नदियाँ आपस में मिलती हैं, उसे प्रयाग कहते हैं। देवभूमि उत्तराखंड में हर पवित्र संगम प्रयाग है। लोगों की जुवान पर चढ़े 'पंचप्रयाग' भी यहीं हैं। माना जाता है कि पवित्र तीर्थ बदरीनाथ मार्ग पर स्थित होने से ही इन पाँच प्रयागों को इतनी प्रसिद्धि मिली, जबकि ऐतिहासिक व लोक श्रुतियों में इन पंचप्रयागों के अलावा भी यहाँ कई और प्रसिद्ध प्रयाग हैं। जल समाधि ले चुकी टिहरी स्थित भागीरथी व भिलंगना का संगम 'गणेश प्रयाग' तो इस पूरे क्षेत्र का कभी हरिद्वार ही था। यहाँ के लोग यहीं स्नान-ध्यान कर डुबकी लगाते और यहीं से गंगा जल भी ले जाया करते थे। इस प्रकार तमाम संगमों से प्रयागराज बनता है। हरिद्वार को कुंभों के संदर्भ में महाकुंभ नगरी कहा जाता है।

कुंभ स्नान का महत्त्व यों तो हरिद्वार, नासिक, उज्जैन और प्रयाग में एक समान माना जाता है, किंतु ज्योतिष शास्त्र के अनुसार कुंभ राशि में बृहस्पति की युति मात्र हरिद्वार के कुंभ में ही स्वीकारी गई है। हरिद्वार के अतिरिक्त शेष तीन स्थानों पर कुंभ पर्व की तिथियों में वृष और सिंह राशियों पर विचार किया जाता है और ग्रह भी बदल जाते हैं, किंतु हरिद्वार कुंभ में ऐसा नहीं होता है।

कुंभ का उत्तम योग हरिद्वार में ही

विद्वान् लोग हरिद्वार के कुंभ को ही वास्तविक कुंभ मानते हैं और जोर

देकर कहते हैं, संभवतः यहीं से महाकुंभ पर्व की परंपरा शुरू हुई होगी। उनकी दलील है कि 'कुंभ' विशेषण हरिद्वार पर ही सटीक बैठता है। दरअसल देश के जिन चार तीर्थों में महाकुंभ आयोजित होता है, उनमें सिर्फ हरिद्वार ही है, जहाँ कुंभ राशि में बृहस्पति होने से कुंभ मनाया जाता है, इसीलिए इसे 'कुंभस्थ' भी कहा गया है। जबकि प्रयाग समेत उज्जैन व नासिक में वृष और सिंह राशियाँ कुंभ निर्धारित करती हैं। इस तरह ज्योतिष शास्त्र के अनुसार, मेष में सूर्य और 'कुंभ' में बृहस्पति ही कुंभ नाम का उत्तम योग बनाता है। इस तरह हरिद्वार से ही कुंभ आरंभ होने का विचार विद्वानों को विचारसंगत लगता है। 'विष्णुयोग' में गंगाद्वार यानी हरिद्वार 'कुंभ' का निरूपण कुछ इस तरह किया गया है—

पद्मिनीनायके मेषे कुम्भराशिगतो गुरुः।
गङ्गाद्वारे भवेद्योगः कुम्भंनामा तदोत्तमः॥

चारों कुंभों में प्रमुख कुंभ हरिद्वार

हरिद्वार 'कुंभ' चारों तीर्थों के 'कुंभों' में प्रमुख है। कुंभ राशिगत बृहस्पति के कारण 'कुंभ' योग हरिद्वार में ही होता है। अतः हरिद्वार का पर्व ही 'कुंभ' नाम को सार्थक करता है। विद्वानों का मत है कि 'कुंभ' परंपरा की शुरुआत हरिद्वार से ही हुई है। प्रयाग इसके बाद तथा फिर उज्जैन व नासिक का जिक्र आता है। विष्णुयाग के अनुसार इन चारों महापर्वों में गंगाद्वार, यानी हरिद्वार की गणना सर्वप्रथम की गई है—

गङ्गाद्वारे प्रयागे च धारागोदावरीतटे।
कलशाख्यो हि योगोऽयं प्रोच्यते शङ्करादिभिः॥
हरिद्वारादि तीर्थेषुचतुर्धा च पृथक् पृथक्।

इसी तरह स्कंद पुराण में सिर्फ हरिद्वार 'कुंभ' माहात्म्य का ही जिक्र है—

पृथिव्यां कुम्भयोगस्य चतुर्धा भेद उच्यते।
चतुऽस्थलेः निपतनासुधाकुम्भस्य भारते॥
हरिद्वारादितीर्थेषु चतुर्धा च पृथक्-पृथक्।
कुम्भपर्वः समयो यथाकुम्भमुदीरयेत्॥

शंकराचार्य ने घर-घर पहुँचाया कुंभ को

इन चार महातीर्थों को इस महापर्व से जोड़ने के साथ ही विद्वज्जन मानते हैं कि कुंभ शब्द हरिद्वार से ही उपजा और शंकराचार्य ने कुंभ को इस महापर्व का प्रतीक चिह्न बना दिया। कहते हैं, इसके बाद यह पर्व कुंभ नाम से ही घर–घर चर्चित हो गया।

हरिद्वार 'कुंभ' का जिक्र ह्वेनसांग की आठवीं सदी के यात्रा विवरण में भी मिलता है। वह लिखता है, 'ब्रह्मकुंड में बड़ी संख्या में तीर्थयात्री स्नानार्थ जुटे थे', पर वह उसे 'कुंभ' नाम से नहीं जानता, इसीलिए उसके उल्लेख में 'कुंभ' नाम का जिक्र नहीं मिलता। हरिद्वार महाकुंभ को लेकर महंत गोविंदानंद ब्रह्मचारी ने पूरे साढ़े सात सौ वर्षों के 'कुंभ' की तिथियों की तालिका प्रस्तुत की है। यह तालिका 1262 ई. से शुरू होती है (आचार्य डॉ. विष्णुदत्त राकेश)।

कुंभ को बनाया राष्ट्रीय महापर्व

कहते हैं, आदिगुरु शंकराचार्य ने हरिद्वार कुंभ को 'राष्ट्रीय महापर्व' का रूप दिया। उन्होंने ही वर्तमान कुंभ पर्वों का स्वरूप स्थापित किया और 'कुंभ' नाम प्रयाग, उज्जैन व नासिक से भी जोड़कर देश में चार 'कुंभ' परंपराओं की नींव डाली। 'कुंभ' मेलों के वर्तमान स्वरूप को लेकर एक मत यह भी है कि भारतीय इतिहास के स्वर्णिम युग में 'गुप्त साम्राज्य' (320–600 ई.) के समय जैसे पुराण आदि साहित्य पुनः संपादित होकर वर्तमान रूप में आए, उसी प्रकार पुराण व ज्योतिष आधार पर 'कुंभ' पर्वों के स्थान तथा काल स्थायी रूप से निर्मित किए गए।

□

इसलिए मनाया जाने लगा अर्धकुंभ

बारह वर्ष बाद 'महाकुंभ' और छह वर्ष के बाद 'अर्धकुंभ' का योग पड़ता है। पहले कुंभपर्व ही मनाया जाता था। विद्वज्जनों का मानना है, अर्धकुंभ की परिकल्पना इसलिए की कि बारह वर्ष की पुण्य लाभ की प्रतीक्षा लंबी हो जाती है। छह वर्ष बाद अर्धकुंभ हो तो पुण्य प्रसार के अवसर अधिक मिलेंगे। साथ ही समस्त भारत के लोग छठे वर्ष एकत्र होकर अपने-अपने क्षेत्रों की समस्याओं पर विचार-विमर्श भी कर सकेंगे। इसी बात का चिंतन करके चारों शंकराचार्यों ने मिलकर धार्मिक महोत्सव के रूप में अर्धकुंभ की मान्यता प्रदान की। यह विचारणीय बात है कि जिन-जिन स्थानों पर कुंभ पर्व होते हैं, उन्हीं स्थानों पर अर्धकुंभ भी होते हैं, वह भी सिर्फ हरिद्वार व प्रयाग में ही।

'कुंभ' पर्व की तरह ही अर्धकुंभ भी हरिद्वार से ही सर्वप्रथम शुरू होने के प्रमाण मिलते हैं। यहाँ अर्धकुंभ का पहला ऐतिहासिक उल्लेख 1318 ई. का मिलता है, तब तैमूर लंग ने हरिद्वार में जमकर लूट-पाट और खून-खराबा किया। इस तरह स्पष्ट है कि अर्धकुंभ की शुरुआत भी हरिद्वार से ही हुई, क्योंकि दूसरी अर्धकुंभ स्थली तीर्थराज प्रयाग में अर्धकुंभ का जिक्र बहुत बाद का मिलता है।

प्रयाग में तीन वर्ष बाद हुई शुरुआत

ऐतिहासिक उल्लेख है कि सन् 1837 में जब हरिद्वार में अर्धकुंभ पर्व मनाया गया था। उसके ठीक तीन वर्ष पश्चात् प्रयाग में भी संतों, महात्माओं

ने अर्धकुंभ की घोषणा कर दी थी और सन् 1840 को प्रयाग में प्रथम बार अर्धकुंभ प्रारंभ हुआ। यह कहना कि हर्षवर्धन भी कुंभपर्व पर आते थे, यह कहीं से भी उचित प्रतीत नहीं होता। कारण, कान्यकुब्जेश्वर राजा हर्षवर्धन प्रयाग में प्रत्येक पाँचवें वर्ष आते थे, न कि छठे वर्ष और उसका उल्लेख 'ह्वेनसांग' ने अपने यात्रा विवरण में किया है।

बौद्ध मनाते थे इसे 'महादान' पर्व के रूप में

सम्राट् हर्षवर्धन द्वारा महामोक्ष का पर्व प्रयाग में छठे वर्ष मनाया जाता था। हर्षवर्धन के समय में आए चीनीयात्री ह्वेनसांग के यात्रा विवरण में यह उल्लेख मिलता है कि 'सम्राट् हर्षवर्धन प्रत्येक छठे वर्ष में संचित समस्त धनराशि प्रयाग में माघ मास में धार्मिक मेला लगाकर दान कर देते थे।' विचारणीय बात यह है कि छठी सदी में सम्राट् हर्षवर्धन केवल 'प्रयाग' के माघ मेले में ही जाते थे और कुंभ स्थानों पर क्यों नहीं? इससे पता चलता है कि कुंभ पर्व के ये चार स्थान राजा हर्षवर्धन के लगभग दो सौ वर्ष बाद में आठवीं सदी में आद्य शंकराचार्य ने निर्धारित किए होंगे।

इन चारों स्थानों की योजना भारत की चारों दिशाओं को ध्यान में रखकर बनाई गई, पूर्वांचल में प्रयाग, उत्तराखंड में हरिद्वार, मध्य प्रदेश में उज्जैन तथा दक्षिण में नासिक।

कहा जाता है कि आद्यगुरु शंकराचार्य ने वेदांत धर्म के प्रचार का अभियान प्रयाग के कुंभ से ही प्रारंभ किया और इन सभी स्थानों पर आयोजित पर्वों में भाग लिया।

बौद्ध प्रतिमा की पूजा से होती थी शुरुआत

ऐतिहासिक उल्लेख मिलता है कि यहाँ यह बौद्ध पर्व मनाया जाता था, जिसमें हर्षवर्धन भाग लेते थे और सर्वप्रथम बौद्ध प्रतिमा की पूजा से ही शुरुआत करते थे। भारतीय ज्योतिष शास्त्र के किसी भी प्रमाणित गंथ, गणित, फलित, संहिता आदि में भी यहाँ तब के किसी अर्धकुंभ का उल्लेख नहीं प्राप्त

होता है। एक लेखक 'शक्तियामलक तंत्र' उदाहरण देते हुए एक श्लोक का उल्लेख करते हैं। जिसे वे अर्धकुंभ पर्व से जोड़ते हैं, किंतु यह श्लोक ही स्पष्ट कर देता है कि बिना प्रसंग के अन्य कथानक के मध्य यह श्लोक कहाँ से प्रविष्ट हो गया ? श्लोक इस प्रकार है—

तदर्धे वर्षमाने च कुम्भोर्ध्वं सार्द्धपञ्चकम्।
अर्धकुम्भं विजानीयात् फलार्थं मोक्षदायकम्।

इस प्रकार आधुनिक लेखक स्वत: छंद रचना करके कुंभ के नाम पर प्राचीन पुराणों का उल्लेख करते हुए लेख लिख रहे हैं। बिना प्रामाणिक दस्तावेजों के यह प्रज्ञापराध कहा जा सकता है, लेकिन यह भी सत्य है कि इस दिशा में कभी भी कोई शोधपरक कार्य या गंभीर चिंतन-मनन शायद हुआ ही नहीं, इसलिए धार्मिक, आध्यात्मिक व ऐतिहासिक, यहाँ तक कि वैज्ञानिक कसौटी पर भी खरा होने के बावजूद इस पर कभी कोई गहन मनन नहीं हुआ। इस श्लोक से ही ध्वनित है कि यह निश्चित ही अर्धकुंभ सिद्ध करने के लिए लिखा गया है, परंतु इसकी संबद्धता का भी कहीं कोई स्पष्ट उल्लेख नहीं मिलता।

□

चार प्रमुख कुंभ स्थल

देश की सांस्कृतिक एकता और बंधुता जगाने में तीर्थों का बड़ा महत्त्व है। प्राचीन काल में हमारे ऋषियों और आचार्यों ने सामाजिक जीवन उन्नत बनाने के साथ-साथ आपसी सद्भाव और एकता बढ़ाने के लिए देश के कोने-कोने में तीर्थों की स्थापना की। इसके लिए वे स्थान चयनित किए गए, जिनका धार्मिक और ऐतिहासिक महत्त्व है और मुख्यत: नदियों से जुड़े रहे हैं। नदिया हमारी संस्कृति की स्रोत हैं। मानव संस्कृति इन्हीं नदियों के किनारे

पहाड़ों से उतरी गंगा का हरिद्वार में विहंगम दृश्य

पल्लवित-पुष्पित हुई। ये नदियाँ हमारी धार्मिक, आध्यात्मिक उन्नति की भी आधार हैं।

कुंभपर्व आज जिन चार पावन स्थलों पर आयोजित होते हैं, वे भी पवित्र नदियों के किनारे ही हैं। हिमालय की उपत्यका में अवस्थित हरिद्वार पुण्य तोया जाह्नवी, यानी गंगा के तट पर स्थित है। इसी तरह तीर्थराज प्रयाग सरस्वती, गंगा व यमुना के संगम पर, नासिक गोदावरी किनारे और उज्जैन क्षिप्रा नदी के किनारे बसा है।

हरिद्वार—यह देवभूमि उत्तराखंड के शीर्षस्थ तीर्थों में एक है। हर यानी शिव और हरि यानी विष्णु के द्वार के नाम पर ही इसका यह नाम प्रचलित है। इसका पुराना नाम 'मायापुरी' भी रहा है, जो सप्त पुरियों में से एक है। गंगोत्तरी से चलकर यहीं हरिद्वार में गंगा पहली बार मैदान में प्रवेश करती है।

यहाँ बारह महीने मेले जैसा माहौल रहता है। यहाँ सभी संप्रदायों के प्रमुख अखाड़े और साधुओं व धर्माचार्यों के आश्रम स्थित हैं। यहाँ वैदिककालीन सात ऋषियों के तपस्थल भी हैं। सप्त ऋषि आश्रम के नाम से विख्यात इन पावन स्थलों पर गंगा सात धाराओं यानी सप्त धाराओं में विभक्त

है। त्रेता से लेकर द्वापर तक के तमाम ऋषि-मुनियों, राजा-महाराजाओं व महापुरुषों से भी यह धार्मिक-ऐतिहासिक नगरी जुड़ी है। उत्तराखंड के पहले राजा महाराज दक्ष का कनखल भी यहीं है। हर बारहवें वर्ष जब सूर्य और चंद्रमा मेष राशि और बृहस्पति कुंभ राशि में स्थित होते हैं, तो यहाँ कुंभ पर्व होता है और छह वर्ष पर अर्धकुंभ। अब तो तमाम जानकारियाँ इस बात की पुष्टि करती हैं कि कुंभ की शुरुआत इसी महातीर्थ से हुई।

तीर्थराज प्रयाग—उत्तर प्रदेश में यह कुंभ नगरी सरस्वती, गंगा व यमुना की त्रिवेणी पर स्थित है। यहाँ जब बृहस्पति वृष राशि में और सूर्य मकर राशि में होता है, तब हर 12वें वर्ष कुंभ और छठे वर्ष अर्धकुंभ आयोजित होता है।

नासिक—महाराष्ट्र में यह कुंभस्थली गोदावरी तट पर स्थित है। यहाँ वह पंचवटी भी है, जहाँ सीता वन में रहीं और लक्ष्मण ने सूर्पणखा का तिरस्कार किया था। कहते हैं शंकर की कृपा से महर्षि गौतम ने गोदावरी को यहीं धरती पर अवतरित किया था। यहाँ हर बारह वर्ष में जब बृहस्पति सिंह राशि में होते हैं तो पूर्ण कुंभ आयोजित होता है।

उज्जैन—मध्य प्रदेश में स्थित यह कुंभस्थली प्राचीन संस्कृति का प्रमुख केंद्र रही है। सप्तपुरियों में एक इसे 'अवंतिका पुरी' भी कहते हैं।

क्षिप्रा नदी किनारे बसी यह नगरी महाराजा विक्रमादित्य के समय भारत की राजधानी भी रही। कहते है, महर्षि सांदीपनि का यहाँ आश्रम था, जहाँ श्रीकृष्ण, बलराम व सुदामा ने शिक्षा पाई थी। यहाँ बृहस्पति के सिंहस्थ होने पर कुंभ होता है।

□

विविध स्थानों पर कुंभ

भारतीय संस्कृति विश्व की अन्य संस्कृतियों में प्राचीनतम एवं विशिष्ट है। भारतीय संस्कृति को जीवंतता देने के लिए यहाँ समय-समय पर धार्मिक पर्वों का आयोजन होता रहता है, ऐसा ही एक अनूठा महापर्व है 'कुंभ'। शास्त्रों एवं धर्मग्रंथों में हमें बारह कुंभ पर्वों का उल्लेख मिलता है, मगर आज हरिद्वार, प्रयाग, उज्जैन व नासिक सिर्फ चार ही कुंभ पर्व बचे रह गए हैं, जबकि आठ अन्य समय और परिस्थितियों के चलते अपना अस्तित्व खो बैठे हैं। धर्मशात्र मर्मज्ञों के अनुसार संभवतः बार-बार विधर्मियों के आक्रमण से ये पर्व अपना मूल स्वरूप संभवतः कुंभ की पहचान खो बैठे और किसी अन्य मेले-उत्सव के रूप में मनाए जाने लगे।

ऐसे ही इन पर्वों में से तीन पर्वों की पहचान हो चली है। इनमें एक छत्तीसगढ़ का कुंभ पर्व है, जो आज 'राजिम मेला' या 'राजीव लोचन महोत्सव' के रूप में मनाया जाता है। इसी तरह दक्षिण भारत के तमिलनाडु स्थित 'कुंभकोणम' का 'महामाखम' मेला है। एक कुंभ वृंदावन में भी मनाए जाने की जानकारी मिली है। ऐतिहासिक तथ्य बताते हैं कि 17वीं सदी में कुंभ के दौरान संघर्ष के बाद वैष्णव संत इसी कुंभ में जाने लगे। एक और कुंभ नेपाल में भी मनाए जाने की जानकारी मिली है। इस पर भी अब शोध-अध्ययन हो रहा है।

दक्षिण भारत का कुंभ : महामाखम

इसे दक्षिण भारत का 'कुंभ' कहा जाता है। तमिलनाडु के कुंभकोणम

में महामाखम सरोवर पर 'कुंभ' की यह जीवित-जाग्रत् परंपरा सदियों से चली आ रही है। 'कुंभकोणम' का संस्कृत नाम 'कुंभघोणम्' है। यहाँ प्रति बारहवें वर्ष महामाखम जलाशय के किनारे कुंभ राशि में ही गंगा तट जैसा पर्व-स्नान होता है। यहाँ प्रतिवर्ष साधारण मखम उत्सव मनाया जाता है, लेकिन बारह वर्षों में एक बार महामाखम में देशभर से लाखों लोग स्नान के लिए आते हैं। कुंभ राशि में पर्व स्नान होने के कारण ही महामखम को दक्षिण भारत का कुंभ मेला कहा जाता है। 'कुंभकोणम' कावेरी तट पर स्थित दक्षिण भारत का प्रमुख तीर्थस्थल है।

छत्तीसगढ़ का राजीव लोचन भी आदिकालीन 'कुंभ'

प्राचीन कुंभ स्थलियों में एक कुंभस्थली राजिम भी मानी जाती है। छत्तीसगढ़ की आध्यात्मिक राजधानी राजिम में तीन पवित्र नदियों महानदी, सौंढूर व पैरी की पावन त्रिवेणी में राजिम कुंभ का पावन आयोजन होता है। यहाँ राजिम में माघ पूर्णिमा से शिवरात्रि तक पुरातन काल से यह धार्मिक मेला लगता आ रहा है। राजिम को 'दक्षिणकौशल प्रयाग' भी कहा जाता है। तत्कालीन डॉ. रमन सिंह सरकार ने विधिवत् विधान सभा में 'कुंभ अधिनियम 2006' पारित कर कहा था कि "प्रतिवर्ष राजिम कुंभ का आयोजन होगा तथा बारहवें वर्ष में 'महाकुंभ' का आयोजन बेहतर प्रबंधन के साथ किया जाएगा।"

वृंदावन में भी आयोजित होता है 'कुंभ'

हरिद्वार महाकुंभ में ढाई सौ वर्ष पहले शैव व वैष्णव अखाड़ों के बीच हुए संघर्ष के बाद वैष्णव अखाड़ों का 'कुंभ' स्नान के लिए वृंदावन प्रस्थान कर जाने का उल्लेख मिलता है। कुछ आचार्यों के अनुसार वहाँ पूर्व से ही यह पर्व मनाया जाता रहा है। जनश्रुति है कि गरुड़ को अपनी माता विनीता को विमाता कद्रु के दासत्व से मुक्त कराने के लिए शर्त के अनुसार अमृत की आवश्यकता हुई। देवलोक में इंद्र को परास्त करके जब गरुड़जी इंद्र

से अमृत लेकर चलते हैं, तो अमृत की बूँदें वृंदावन में छलकीं, तब से ही वृंदावन में कुंभपर्व मनाया जाने लगा।

वृंदावन का कुंभपर्व हरिद्वार कुंभ मेला से ठीक पूर्व बसंत पंचमी से आरंभ होकर होली तक चलता है तथा प्रत्येक बारहवें वर्ष वृंदावन में कुंभ मेले का आयोजन शताब्दियों से चला आ रहा है। भक्ति एवं प्रेम की स्थली वृंदावन के कुंभपर्व की ऐतिहासिकता निर्विवाद है। जिस समय औरंगजेब (1658 से 1707) ने हिंदुओं के धर्मस्थलों को नष्ट करते हुए वृंदावन के प्रसिद्ध श्रीगोविंददेव मंदिर पर आक्रमण किया, उस समय वृंदावन में कुंभ मेला लगा हुआ था। संत-महात्माओं ने औरंगजेब के इस दुष्कृत्य का जमकर मुकाबला किया, दुर्भाग्यवश हजारों साधुओं को मुगल सेना द्वारा मौत के घाट उतार दिया गया था।

एतदर्थं महाकुम्भो वृन्दारण्ये शुभास्पदे।
यामुं तीरमासाद्य श्रीवैष्णवैविधीयते॥
श्रीमाघञ्चमीतो हि फाल्गुनपूर्णिमावधिः।
कुम्भकालस्तु विज्ञेयः कृष्णलोकफलप्रदः॥
तेषामेव फलं रम्यं सर्वसौभाग्यकारकम्।

(साभार, वृंदावन कुंभ पर्व स्मारिका, 1998-99)

एक 'कुंभ' नेपाल में भी

विश्व का एकमेव हिंदू राष्ट्र कहे जानेवाले देश नेपाल के काठमांडू से 50 किमी. दक्षिण-पूर्व स्थित कावरे जिले के पनौती पौराणिक नाम 'पुण्यावती' में त्रिवेणी संगम तट पर प्रति बारह वर्ष में मकर मेला के नाम से 'कुंभ' पर्व का आयोजन सदियों से होता आ रहा है। यहाँ रुद्रावती, लीलावती व पुण्यावती पावन नदियों के संगम पर यह तीर्थ स्थित है। यहाँ पूरे एक मास तक श्रद्धालुओं समेत साधु-संतों का विशाल जमावड़ा रहता है।

□

पुराणों से जुड़े हैं 'कुंभ' के सूत्र

स्कंद पुराण में लिखा है कि देवासुर संग्राम में मरे हुए असुरों को जब शुक्राचार्य ने अपनी संजीवनी विद्या से पुनः जीवित कर दिया तो देवराज इंद्र को चिंता हुई। उस समय इंद्र ने ब्रह्माजी से परामर्श करके समुद्र-मंथन का आयोजन किया। उस समुद्र-मंथन से तेरह रत्नों के पश्चात् चौदहवाँ रत्न अमृत निकला। कुंभ (घड़ा) अमृत से भरा था। इस अमृत कलश को धन्वंतरि से छीनकर बृहस्पति भागे। क्रोधित असुरों ने उनका पीछा करते हुए चार स्थानों पर संघर्ष किया, उन्हीं चार स्थानों पर कुंभपर्व मनाया जाता है।

पद्म पुराण में उल्लेख है कि देवगुरु बृहस्पति के इशारे पर इंद्रपुत्र जयंत इस अमृत कलश को ले भागा, जहाँ-जहाँ उसने यह कलश रखा, वहाँ कुंभ मनाया जाने लगा। वर्तमान में यह कुंभ पश्चिम दिशा में नासिक में गोदावरी के तट पर, दक्षिण दिशा में उज्जैन में क्षिप्रा नदी के तट पर व उत्तर दिशा में हरिद्वार गंगाजी के तट पर और पूर्व दिशा में प्रयाग में गंगा, यमुना के संगम पर आयोजित होता है।

इन चारों ही स्थानों पर देव-दानवों में अमृत कलश की छीना-झपटी के कारण अमृतकलश से कुछ बूँदें गिरीं। अतएव ये चारों स्थान कुंभपर्व के पवित्र तीर्थ बन गए। कलश ही कुंभ है, अतएव इसका नामकरण कुंभपर्व किया गया। पद्म पुराण के अनुसार, देवगुरु बृहस्पति के संकेत से इंद्र का पुत्र 'जयंत' उस अमृतकलश को लेकर भागा। उस समय समस्त देव-दानवों ने उसका पीछा किया। उनमें परस्पर बारह दिन (देवताओं के दिन के अनुसार)

मनुष्यों के अनुसार बारह वर्ष संघर्ष, चलता रहा। इस मध्य सुरक्षा की दृष्टि से अमृतकुंभ को बारह स्थानों पर रखा गया, जिसमें आठ स्थान स्वर्ग तथा चार स्थान पृथ्वी के थे। यहाँ पर विशेष उल्लेख किया है कि चंद्रमा ने कुंभ को ढकने से, सूर्य ने टूटने से, गुरु ने दैत्यों की छीना झपटी से तथा शनि ने जयंत के भय से रक्षा की थी। यथा—

पृथिव्यां कुम्भयोगस्य चतुर्धा भेद उच्चते।
चतुःस्थले नितनात् सुधा कुम्भस्य भूतले॥
चन्द्र प्रस्रवणा रक्षां सूर्यों विस्फोटनात् दधौ।
दैत्येभ्यश्च गुरु रक्षां सौरिदेवेंद्रजात् भयात्॥

□

स्वर्णाक्षरों में दर्ज कुंभ 2010

उत्तराखंड के मुखिया बतौर मेरी निगरानी और मेरे निर्देशन में आयोजित हरिद्वार महाकुंभ 'कुंभ' के इतिहास में कई 'मील के पत्थर' दर्ज कर गया। संतों की सदियों की कटुता मिटाकर इस 'महाकुंभ' में, जहाँ सहिष्णुता की मिसाल कायम हुई, वहीं 'विश्व धरोहर कुंभ' का मार्ग भी प्रशस्त हुआ। पहली बार इस महाकुंभ से ही इस महापर्व को 'विश्वधरोहर' घोषित किए जाने की माँग की गई थी। साथ ही इस महाकुंभ को शांति का नोबेल पुरस्कार दिए जाने की भी पुरजोर माँग की गई। बड़ी संख्या में विदेशी अतिथियों और खासतौर से सांस्कृतिक प्रतिनिधियों व संस्कृति-दर्शनप्रेमियों को आमंत्रित किया, ताकि वे इस महापर्व के माहात्म्य से परिचित हो सकें। हमारी मेहनत रंग लाई। कुंभ शांति के नोबेल के लिए नामित हुआ। मुझे आश्चर्य इस बात का हुआ कि आखिर वे कौन से कारण थे जिसके फलस्वरूप यह नोबल प्राप्त नहीं कर पाया, क्योंकि न केवल हमने बल्कि मॉरीशस, यूगांडा, इंडोनेशिया आदि देशों ने भी विश्वशांति के इस महापर्व के सफल आयोजन हेतु मुझे बधाई दी एवं इसे 'नोबल' पुरस्कार जो कि दिया ही शांति व समरसता के क्षेत्र में उत्कृष्टता के लिए दिया जाता है, के लिए मजबूती से पैरवी भी की। कुंभ 2010 विश्व इतिहास का पहला ऐसा कुशल प्रबंधन का उदाहरण था, जिसमें बिना कोई विघ्न बाधा के करोड़ों लोगों ने एक साथ एक स्थान पर श्रद्धा की डुबकी लगाई। बस कुंभ को वैश्विक विरासत का भी इसे गौरव हासिल हुआ।

यूनेस्को ने माना कुंभ विश्व धरोहर है

यह मेरी और मेरे सहयोगियों के प्राण-प्रण प्रयासों का ही प्रतिफल है कि आज 'यूनेस्को' ने इसके 'विश्व धरोहर' होने पर मुहर लगाते हुए इस महाकुंभ को 'मानवता की अमूर्त सांस्कृतिक विरासत' घोषित किया। दुनिया को चमत्कृत करते इस विराटतम और विलक्षण धार्मिक आयोजन को 'हरिद्वार महाकुंभ 2010' सही मायने में 'वैश्विक पहचान' ही नहीं, बल्कि 'अंतरराष्ट्रीय सम्मान' भी दिलाने में सफल रहा।

कुंभ के इतिहास में पहली बार इस महाकुंभ में उमड़े जन-सैलाब की सटीक वैज्ञानिक गणना हुई और भारतीय अंतरिक्ष अनुंधान संगठन 'इसरो' ने इस पर अपनी मुहर लगाई। सवा सौ ऊपर राष्ट्राध्यक्षों, प्रमुखों, प्रतिनिधियों समेत इस महाकुंभ में अब तक के सर्वाधिक साढ़े आठ करोड़ श्रद्धालु पहुँचे थे। एक ही दिन में एक ही जगह पौने दो करोड़ श्रद्धालुओं का जमावड़ा भी अपने आप में एक रिकॉर्ड है। इससे बड़ा आश्चर्य इतनी विराट् भीड़ का प्रबंधन और इस विराट् महापर्व का सफल आयोजन था।

संयुक्त राष्ट्र की संस्था 'यूनेस्को' ने इस महाकुंभ को मानवता की अमूर्त सांस्कृतिक विरासत करार दिया है। 'योग' विद्या के बाद किसी भारतीय परंपरा को मिला यह दूसरा 'अंतरराष्ट्रीय सम्मान' है। यूनेस्को की विशेषज्ञ समिति ने पहली बार यह माना है कि कुंभ इस धरती पर होनेवाला सबसे बड़ा 'शांतिपूर्ण धार्मिक आयोजन' है, जिसमें विभिन्न धर्म समुदायों के लोग बगैर किसी भेदभाव के एकात्म रूप में भाग लेते हैं। सहिष्णुता व समायोजन का यह दुनिया का अनूठा और अद्‍भुत आयोजन है। भारतीय सनातन संस्कृति का प्रतीक यह महापर्व निश्चित ही इस सर्वोच्च सम्मान का हकदार है। मुझे बेहद खुशी है कि महाकुंभ के दौरान हमने इसके विश्व धरोहर का प्रस्ताव भेजा था और अंततः हमारी मेहनत रंग ले आई।

पहली बार कुंभ नोबेल के लिए भी नामित

स्वतः स्फूर्त दुनिया के इस विराट् समागम को देखते हुए हमने इस

महाकुंभ को 'विश्व धरोहर' घोषित करने की माँग की थी, साथ ही शांति व सद्भावना के इस विराट् प्रतीक को नोबेल सम्मान दिए जाने का आग्रह भी किया था। इतिहास में पहली बार 'कुंभ' 'नोबेल' के लिए नामित किया गया, साथ ही इसे अब 'विश्व धरोहर' की मान्यता भी दे दी गई है। यह सम्मान मुझे भाव-विभोर कर गया है।

इस तरह वैश्विक सम्मान दिलाने के साथ-साथ 'सहिष्णुता' की मिसाल कायम कर यह महाकुंभ स्वर्णाक्षरों में दर्ज हो गया। यही नहीं कुंभ के इतिहास में पहली बार विशुद्ध वैज्ञानिक पद्धति से कुंभ में आए श्रद्धालुओं के सैलाब की सटीक गणना का काम हुआ। इसमें उत्तराखंड अंतरिक्ष उपयोग केंद्र और इसरो की भूमिका उल्लेखनीय रही। इस तरह एक ही दिन इस महाकुंभ में एक करोड़ साठ लाख श्रद्धालुओं के पहुँचने का रिकॉर्ड भी दर्ज हुआ। यह ऐतिहासिक दिन था 14 अप्रैल, 2010 का। इस दिन बैसाखी पर कुंभ का मुख्य और अंतिम शाही स्नान था। इसी तरह पहली बार कुंभ मेला क्षेत्र, कुंभ जिला भी घोषित कर दिया गया, ताकि मेले की प्रशासन और प्रबंधन संबंधी गतिविधियों में और कुशलता लाई जा सके। हमारा यह प्रयोग पूरी तरह सफल रहा। इस पर विस्तार से आगे लिखा गया है।

हरिद्वार में मंसा देवी मंदिर

बरसों की कटुता मिटना सबसे बड़ी उपलब्धि

दुनिया के इस विराटतम और विलक्षण मेले के सफल आयोजन समेत कई उपलब्धियों के बीच में दो बड़ी उपलब्धियाँ मेरी और मेरे सहयोगियों की जीवटता और जुनून का असली ईनाम हैं। मेरा मन उस समय खिल उठा, जब ढाई सौ बरसों से चली आ रही संतों के बीच की कटुता इस महाकुंभ में हमेशा-हमेशा के लिए खत्म हो गई। इस तरह इस महाकुंभ में सदा के लिए नाता तोड़कर चल दिए वैष्णव अखाड़ों को न सिर्फ ससम्मान विनयपूर्वक लौटाया गया, बल्कि उन्होंने पहली बार इतिहास रचते हुए माँ गंगा की अमृतमयी धारा में एक साथ डुबकी भी लगाई। 'कुंभ' के इतिहास में यह ऐतिहासिक घड़ी थी।

तीन की जगह अब चार शाही स्नान

'कुंभ' के इतिहास में यह पहला अवसर था, जब संत समाज ने आगे बढ़कर आपसी सद्भाव व सहिष्णुता की मिसाल कायम की। हमारी मेहनत रंग लाई और सभी 13 अखाड़े न सिर्फ एक साथ नजर आए, बल्कि आगे के लिए दो नई परंपराओं की नींव भी पड़ी। पहला, 'प्रथम शाही स्नान' के दरवाजे सभी अखाड़ों के लिए खोल दिए गए और दूसरा, 'वैष्णव' संतों के चैत्र पूर्णिमा पर 'कुंभ स्नान' को भी 'शाही स्नान' का दर्जा मिल गया। इस तरह 'महाकुंभ 2010' से चौथे शाही स्नान की भी शुरुआत हो गई। निश्चित ही इन बड़ी उपलब्धियों से हरिद्वार महाकुंभ सफल और सार्थक हो गया।

इस प्रकार 2010 के इस कुंभ महापर्व पर पहला शाही स्नान 12 फरवरी महाशिवरात्रि के दिन हुआ। दूसरा शाही स्नान 15 मार्च को चैत्र अमावस्या पर, तीसरा चैत्र पूर्णिमा के दिन 30 मार्च को और चौथा बैसाखी पर 14 अप्रैल को संपन्न हुआ। मुझे यह कहते हुए अति प्रसन्नता हो रही है कि हरिद्वार कुंभ के मर्मज्ञ और संस्कृति व दर्शन के प्रकांड विद्वान् पंडित विष्णु दत्त राकेश ने न सिर्फ कुंभ प्रबंधन की मुक्तकंठ से सराहना की, बल्कि उन्होंने अपने पांडित्यपूर्ण लेख में विशेष रूप से उल्लेख किया कि यह स्नान कुंभ मेले के इतिहास के पृष्ठों पर स्वर्णाक्षरों में दर्ज हो गया है। यह वाकई एक बड़ी उपलब्धि थी।

हर आठवाँ 'कुंभ' 11 वर्ष में

वर्ष 1855 में कुंभ पड़ा और उसके बाद सातवाँ कुंभ 1927 में पड़ा। गुरु की गति के कारण उससे अगला कुंभ 1939 के बजाय 1938 में पड़ गया। यह कुंभ 11 वर्ष बाद पड़ा था। इसी प्रकार वर्तमान शताब्दी का सातवाँ कुंभ 2010 में पड़ रहा है, लेकिन आठवाँ कुंभ 2022 के बजाय 2021 में पड़ जाएगा। वर्ष 1938 के बाद हर आठवाँ कुंभ 11 वर्ष में होगा। प्रत्येक शताब्दी में ऐसा एक बार अवश्य होता है।

हर चौथे वर्ष में होता है कुंभ

'जयंत' द्वारा अमृत कलश बारह स्थानों पर रखा गया। इनमें से चार स्थान (हरिद्वार, प्रयाग, उज्जैन, नासिक) पृथ्वी पर तथा शेष आठ ब्रह्मांड में अदृश्य रूप से विद्यमान हैं, जिनका पता देहधारियों को नहीं है। धरती के चारों कुंभ नगरों में प्रत्येक तीन वर्ष बाद कहीं न कहीं कुंभ पर्व पड़ता है। देवताओं के बारह दिन, चूँकि धरती के बारह वर्ष बनते हैं, अत: एक स्थान पर बारह वर्ष बाद कुंभ आता है, जिन बारह स्थानों पर ब्रह्मांड में कुंभ रखा गया, वहाँ प्रत्येक वर्ष कहीं-न-कहीं कुंभ पर्व पड़ेगा।

□

महाशिवरात्रि स्नान बना इतिहास

एक महत्त्वपूर्ण बात को मैं अत्यंत हर्ष के साथ साझा करना चाहता हूँ कि अब तक 'कुंभ' के इतिहास में प्रथम 'शाही स्नान', यानी महाशिवरात्रि पर होनेवाला 'कुंभ' स्नान सिर्फ सात संन्यासी अखाड़ों तक ही सीमित था। श्री पंचायती निरंजनी अखाड़ा, श्री आनंद अखाड़ा, श्री जूना अखाड़ा, श्री आवाहन अखाड़ा, श्री पंचअग्नि अखाड़ा, श्री महानिर्वाणी अखाड़ा व श्री

जूना अखाड़े के साथ प्रथम शाही स्नान को जाते हुए संन्यासी, वैष्णव, उदासीन तथा निर्मले संत

पंच अटल अखाड़ा के नागा साधु ही इस शाही स्नान में भाग ले सकते थे, मगर इस महाकुंभ में बाकी के छह अखाड़ो को भी न सिर्फ इस पहले शाही स्नान में आमंत्रित किया गया, बल्कि पहली बार सभी अखाड़ों ने पावन स्नान भी किया।

कुछ इस तरह सजी कुटियाएँ

इस तरह इस कुंभ के इस पहले शाही स्नान में जब अखाड़ा परिषद् के अध्यक्ष महंत ज्ञानदास, आचार्य विष्णु देवानंद, महंत मित्रप्रकाश, महंत राजेंद्र दास आदि संत-संन्यासियों के सैलाब की अगुवाई करते हुए हर की पैड़ी पहुँचे तो कुंभ महापर्व का परम उद्देश्य सार्थक हो गया।

वैष्णव अखाड़ों की ससम्मान वापसी

दुर्भाग्य से 'कुंभ' में स्नान को लेकर पूर्व में कई बार खूनी संघर्ष हुआ है। सन् 1660 में 'कुंभ' में शैव जोगियों और वैष्णव वैरागियों के बीच अब तक का सबसे बड़ा रक्त रंजित संघर्ष हुआ, जिसमें अनुमानतः 18 हजार के ऊपर जानें गईं। कहा जाता है, इसी कुंभ से वैष्णव महात्माओं ने यहाँ 'कुंभ' में आना

बंद कर दिया और वृंदावन में अपना अलग से 'कुंभ' मनाने लगे। हालाँकि बाद में धीरे-धीरे तमाम संत-महात्माओं की पहल और शासन-प्रशासन के प्रयासों से वैष्णव अखाड़ों का इधर आना शुरू हुआ, मगर 2010 के 'कुंभ' से पूर्व तक वैष्णव अखाड़े प्रथम शाही स्नान वृंदावन में ही करते आ रहे थे और दूसरे व तीसरे स्नान में वे अन्य अखाड़ों के साथ स्नान करते थे।

पहली बार 13 अखाड़े एक साथ

पूरे ढाई सौ बरस बाद 2010 के हरिद्वार महाकुंभ में वह ऐतिहासिक शुभ अवसर आया, जब अखाड़ों के बीच के न सिर्फ मतभेद व मनभेद दूर हुए, बल्कि आपसी सौहार्द की मिसाल कायम करते हुए देश भर के सभी तेरह अखाड़ों ने 'पहले शाही स्नान' में पहली बार भागीदारी की। यही नहीं वैष्णव वैरागियों के प्रस्ताव पर मुहर लगाते हुए, तीन शाही स्नानों की परंपरा में चौथा शाही स्नान पर्व भी जुड़ गया। यह महाकुंभ को सार्थक करती सबसे बड़ी उपलब्धि थी।

मेरे लिए यह सबसे बड़ा पारितोषिक

यह इस महाकुंभ के आयोजन की बड़ी सफलता थी कि संन्यासी अखाड़ों ने बाकी के छह अखाड़ों के प्रस्ताव को न सिर्फ स्वीकार कर लिया, बल्कि सभी 13 अखाड़ों के मिलकर शाही स्नान की घोषणा भी कर दी। इस तरह महाकुंभ 2010 सदियों से चली आ रही कटुता व भूल-चूकों को तिलांजलि देने का एक बड़ा अविस्मरणीय निमित्त बना।

विद्वत् संत समाज का आशीर्वाद भी रहा अहम

मैं शुरू से ही जहाँ इस नवोदित राज्य के इस पहले महापर्व की महाचुनौती को लेकर चिंतित था, वहीं मेरी छटपटाहट समस्त संत समाज को एकजुट करने की भी रही। प्रदेश के मुखिया की जिम्मेदारी सँभालने के तुरंत बाद से ही मैं संत समाज के अग्रजों से लेकर महामंडलेश्वरों तक न सिर्फ

नियमित संपर्क में रहा, बल्कि समय-समय पर उनसे निवेदन कर उनका सान्निध्य प्राप्त करता रहा। मिल-बैठकर बीच-बीच में मंत्रणाओं का सौभाग्य भी मिला। मैं अंतर्मन से इस विद्वत् संत समाज का आभारी हूँ कि उन्होंने इस महाकुंभ में इतिहास रचते हुए देश-दुनिया को सहिष्णुता की यह परम सौगात तो दी ही, साथ ही महाकुंभ के माहात्म्य को और महिमामंडित कर दिया। मेरे लिए यह सब जीवन की बड़ी और निज उपलब्धि भी है।

सार्थक हुआ महाकुंभ

इस तरह हरिद्वार महाकुंभ के पहले शाही स्नान में जब अखाड़ा परिषद् के साथ-साथ सभी अखाड़ों के संत-महंत एक साथ हर की पैड़ी पहुँचे तो जैसे 'राष्ट्रीय एकता' के इस महापर्व का 'एकात्म' हो जाने का महासंदेश सार्थक हो गया। सारे 13 अखाड़ों के बीच यह इस महाकुंभ की सबसे बड़ी उपलब्धि रही। यही नहीं, यह हरिद्वार महाकुंभ 2010 ही था, जिसमें सभी अखाड़ों ने मिलकर परंपरागत 'तीन शाही' स्नानों की जगह 'चार शाही' स्नानों की नई परंपरा का सूत्रपात भी किया। दरअसल अखाड़ों के बीच स्नान को लेकर पूर्व से तमाम लोमहर्षक घटनाओं के चलते, अब तक यहाँ नागा साधुओं के सात संन्यासी अखाड़े ही शाही स्नान करते आ रहे थे। महाकुंभ 2010 में हुई ऐतिहासिक पहल के बीच वैरागी, उदासी और निर्मल अखाड़ों ने अपने छह अखाड़ों समेत न सिर्फ शाही स्नान के आमंत्रण को सहर्ष स्वीकार किया, बल्कि भविष्य के लिए 'चैत्र पूर्णिमा' पर होनेवाले कुंभ स्नान को भी शाही स्नान का दर्जा दिए जाने की माँग भी की थी।

□

निर्मल अविरल गंगा अगला पड़ाव

हिमालय और गंगा बचपन से ही मेरे दिल में धड़कते रहे हैं। साँसों में घुले-मिले रहे हैं। ये दोनों भारत के लिए तो ईश्वरी देन हैं ही, साथ में ये दोनों वैश्विक धरोहर भी हैं। मानव इतिहास से लेकर मानव संस्कृति और मानव जीवन सब इनके ऋणी हैं। भारत की समृद्ध सनातन ऋषि संस्कृति हिमालय और गंगा के सान्निध्य में ही पल्लवित-पुष्पित हुई हैं। हरिद्वार 'कुंभ' नगर भी इसी हिमालय और माँ गंगा की ही देन है। मेरा 'स्पर्श गंगा अभियान' निर्मल-अविरल गंगा को ही समर्पित है। देवभूमि उत्तराखंड में लाखों भगीरथ

सफाई करते हुए स्वयं सेवक

स्वत:स्फूर्त मनोयोग से इस महा अभियान में जुटे पड़े हैं, ताकि माँ गंगा की निर्मलता अविरलता अक्षुण्ण बनी रहे।

पहली बार बना कुंभ जिला

मेला अधिनियम 1938 के तहत जहाँ कुंभ मेला क्षेत्र 1 जनवरी, 2010 से स्वत: पूरे कुंभ आयोजन तक अस्तित्व में आ गया, वहीं शासन की अधिसूचना ने इसे कुंभ जनपद का अधिकार भी प्रदान कर दिया। कुंभ जनपद सृजित करने का यह पहला अभिनव प्रयोग था और यह पूरी तरह अपने उद्देश्य में सफल भी रहा।

कुशल प्रशासनिक व्यवस्था के साथ-साथ महाकुंभ के सफल संचालन में इस व्यवस्था की भूमिका महत्त्वपूर्ण रही। शासन द्वारा 130 वर्ग किमी. क्षेत्रफल में फैले कुंभ क्षेत्र को अधिसूचना के जरिए कुंभ जिला घोषित कर दिया गया। इस अधिसूचना के लागू होते ही कुंभ मेलाधिकारी कुंभ जनपद के जिलाधिकारी और मेला पुलिस अधिकारी, वरिष्ठ पुलिस अधीक्षक के नाम से संबोधित किए जाने लगे।

शाही स्नान को जाते हुए जूना अखाड़े के संत

कुंभ जनपद को 32 सेक्टरों में बाँटा गया। प्रत्येक सेक्टर को डिप्टी कलेक्टर अथवा सेक्टर मजिस्ट्रेट के अधीन रखा गया, साथ ही कुंभ जनपद में 32 स्थायी पुलिस स्टेशन भी स्थापित किए गए। कुंभ जिला बनने के बाद मेला पुलिस भी पुलिस ऐक्ट से संचालित होने लगी।

इस नई व्यवस्था के तहत प्रशासनिक व प्रबंधकीय कार्यों का संचालन सुगम हो गया। इस तरह कुंभ जिले में गढ़वाल मंडल के चार जनपदों से लगे इलाके क्रमश: हरिद्वार शहर के अलावा बहादराबाद क्षेत्र, देहरादून जनपद का ऋषिकेश, टिहरी जनपद की मुनि की रेती तथा पौड़ी जनपद का लक्ष्मणझूला, स्वर्गाश्रम व नीलकंठ महादेव मंदिर शामिल किया गया। इस तरह हरिद्वार महाकुंभ के इतिहास में कुंभ जिले का यह अभिनव प्रयोग पहली बार अमल में लाया गया और पूरी तरह सफल रहा।

□

अद्‍भुत है 'कुंभ' आयोजन परंपरा

'कुंभ' विशुद्ध ग्रहों की गणनाओं पर आधारित पर्व है। सूर्य, चंद्रमा और बृहस्पति की ग्रहीय स्थिति 'कुंभ' का निर्धारण करती है। 'पंचांग' में तिथि की घोषणा होते ही बगैर किसी नामांकन, पंजीकरण के कोटि-कोटि श्रद्धालुजन 'कुंभ' यात्रा पर निकल पड़ते हैं। हरिद्वार में सूर्य के मेष, चंद्रमा के मकर और देवगुरु बृहस्पति के कुंभ राशि में आ जाने पर 'कुंभ' पर्व का योग बनता है, जबकि प्रयाग में वृष व उज्जैन और नासिक में सिंह में गुरु पर 'कुंभ' का योग बनता है। 'कुंभ' पर्व का शुभारंभ विभिन्न धार्मिक अनुष्ठानों के आयोजनों के साथ शुरू होता है।

इस तरह सज-धज कर निकलती हैं पेशवाई

त्रिशूल स्थापना से होती है शुरुआत

यह महाकुंभ के शुभारंभ का पहला धार्मिक अनुष्ठान है। महाकुंभ को निर्वाध व निर्विघ्न संपन्न कराने के लिए आद्यशक्ति के प्रतीक माँ दुर्गा की पौराणिक शक्तिपीठ 'मायादेवी' मंदिर के प्रांगण में 108 हाथ ऊँचा विशाल त्रिशूल स्थापित किया जाता है। इस त्रिशूल का निर्माण कुशल कारीगरों द्वारा कराया जाता है। इसे वैदिक मंत्रोच्चारण के साथ विधि-विधान से स्थापित किया जाता है। मायादेवी हरिद्वार की अधिष्ठात्री देवी मानी जाती हैं। यह विश्वविख्यात तीर्थ इसी देवी के नाम पर बसा है। आज भी गंगा पर संकल्प कराते समय इसे 'माया क्षेत्र' ही कहा जाता है।

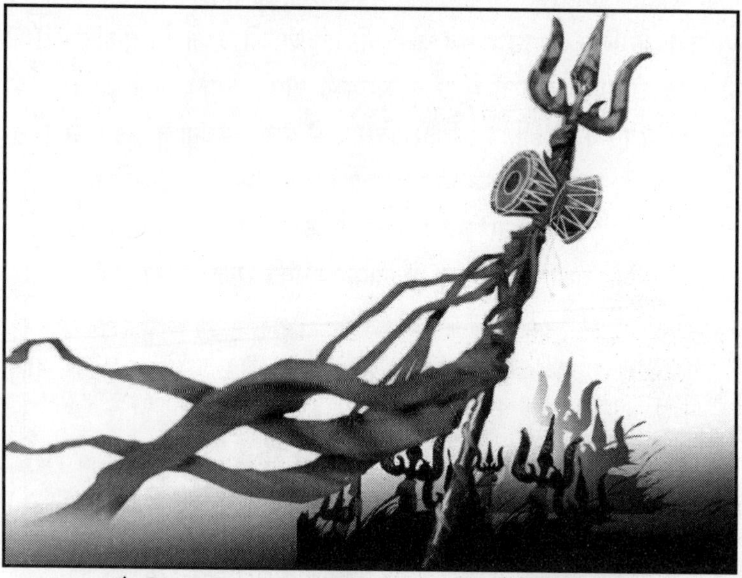

पौराणिक शक्तिपीठ मायादेवी मंदिर के प्रंगण में त्रिशूल स्थापना

यह स्थान वर्तमान में पंचदश जूना अखाड़ा, भैरव अखाड़े के अधीन है। भैरव अखाड़े के नागा ही इस मंदिर में पूजा करते हैं। मान्यता है कि सती के शरीर के इक्यावन टुकड़े जिन-जिन स्थानों पर गिरे, वे शक्तिपीठ कहलाए। मायादेवी शक्तिपीठ को इन सभी शक्तिपीठों में सर्वोपरि स्थान प्राप्त

है। कहते हैं, इस स्थान पर सती की नाभि गिरी थी, जो शरीर का मूल स्थान है। विश्वास किया जाता है कि पीतल के इस शक्तिपीठ में स्थापित त्रिशूल से निकलनेवाली अलौकिक शक्ति 'कुंभ' मेला क्षेत्र को संपूर्ण संकटों से बचाती है। त्रिशूल की प्रतिदिन विधिवत् पूजा की जाती है।

धर्मध्वजा आरोहण है दूसरा चरण

धर्मध्वजा एक तरह का 'ध्वजारोहण' है। अखाड़ों की धर्मध्वजा फहरने के साथ ही यह मान लिया जाता है कि 'कुंभ' महापर्व प्रारंभ हो चुका है। धर्मध्वजा फहराते ही 'कुंभ' नगर के बाहरी इलाकों में डेरा डाले साधु-संन्यासी शाही सवारी के साथ अपने-अपने अखाड़ों के लिए प्रस्थान करते हैं। धर्मध्वजा के लिए 52 हाथ लंबे वृक्षों की तलाश की जाती है। वनाधिकारियों की मदद से सघन जंगलों में साधु-संन्यासी अपने-अपने अखाड़ों के लिए वृक्षों का चयन करते हैं। फिर विधि-विधान से पूजा-अर्चना कर उन पर डोरी बाँधी जाती है, उनका तिलक किया जाता है फिर इस वृक्ष देवता का 'कुंभ' महापर्व के लिए 'धर्मध्वजा' का रूप धारण करने का आह्वान किया जाता है। इस तरह पूजित वृक्षों को अखाड़े में लाकर उनकी सजावट की जाती है और

इस तरह किया जाता है धर्मध्वजा का आरोहण

क्रमवार मुहूर्तों के अनुसार अपनी-अपनी धर्मध्वजा स्थापित की जाती है।

नागा संन्यासियों द्वारा समय-समय पर राष्ट्र की रक्षा के साथ-साथ धर्म पर विपत्ति के समय महत्त्वपूर्ण योगदान दिया है। कई ऐसे उदाहरण मिलते हैं कि जब मंदिरों एवं राज्य की रक्षा के लिए नागा संन्यासियों ने लड़ाइयाँ तक लड़ीं। इतिहास गवाह है कि 1157 की ऐतिहासिक लड़ाई में नागा संन्यासियों ने आततायियों के दाँत खट्टे कर दिए थे। इसके अतिरिक्त देश के विभिन्न भागों में होनेवाली अनेक लड़ाइयों में भी उन्होंने धर्म की रक्षा के लिए योगदान दिया।

इतिहास के अनुसार पृथ्वीराज चौहान पर मोहम्मद गौरी ने तीन बार आक्रमण किया तथा तीनों बार उसे पराजित होना पड़ा। इसके पश्चात् मोहम्मद गौरी द्वारा पराजित होने पर क्षमा-याचना की गई। पृथ्वीराज चौहान ने उसे माफ कर दिया। पृथ्वीराज चौहान को आभास हो गया था कि एक न एक दिन उसकी शक्ति और वैभव समाप्त होना ही है, इसीलिए पृथ्वीराज चौहान ने राष्ट्र की ध्वजा अपने पास रखकर धर्मध्वजा को अखाड़ों के नागा संन्यासियों के सुपुर्द कर दिया। चौहान का मानना था कि राजधर्म तो पुनः स्थापित हो सकता है, लेकिन धर्म नष्ट होने पर कुछ भी नहीं बचता है।

बारहवीं शताब्दी में उन्होंने संन्यासियों को धर्मध्वजा सौंप दी। तभी से यह धर्मध्वजा साधु-संतों के पास है। ध्वजा ऊपर मोर के पंख बाँधे जाने की परंपरा है। सातों संन्यासी अखाड़ों में इसको अपनाया जाता है। उदासीन बड़ा और उदासीन नया अखाड़ों में ध्वजा का रंग लाल, संन्यासियों का गेरुआ, निर्माणी में लाल, निर्मोही में सफेद तथा दिगंबर अखाड़े में पाँच रंग की धर्मध्वजा स्थापित की जाती है। केवल निर्मल अखाड़ा को छोड़ शेष सभी धर्मध्वजाओं की स्थापना पेशवाई से पूर्व की जाती है। श्रीगुरुगोविंद सिंह द्वारा स्थापित निर्मल अखाड़ा में ध्वजा की स्थापना अखाड़ा की जमात की पेशवाई की छावनी में प्रवेश के बाद की जाती है।

□

अखाड़ों के लिए प्रस्थान से होता है 'कुंभ' का आगाज

धर्मध्वजा फहरते ही साधु-संन्यासियों का अपने-अपने अखाड़ों की ओर प्रस्थान होता है। 'कुंभ' मेला क्षेत्र में यह प्रवेश 'पेशवाई', यानी शाही सवारी कहलाती है। सही मायनों में यह अखाड़ों का शक्ति प्रदर्शन है। शाही सवारी के दिन ढोल-नगाड़ों के बीच तुरही व शंखनाद के साथ घोड़े पर विराजमान निशान देवता विशिष्ट झाँकियों के संग सजे-सँवरे हाथी घोड़े, रथों व बैंड-बाजों के साथ नगर-भ्रमण करते हुए साधु-संन्यासी अपने-अपने अखाड़ों में प्रवेश करते हैं। इस यात्रा का जगह-जगह भव्य स्वागत होता है।

नागा संन्यासियों द्वारा अनेक हिंदू राजा और महाराजाओं की समय-समय पर सहायता की गई। इस कारण राजा-महाराजाओं द्वारा उपहारस्वरूप इन संन्यासियों को धन-दौलत, जमीन-जायदाद दी गई। 17वीं सदी में संन्यासियों को जहाँगीर ने घोड़ा, हाथी, छत्र और वस्त्र आदि भेंटस्वरूप प्रदान किए और संपूर्ण नगर क्षेत्र में यह आदेश दिया कि जहाँ से भी नागा संन्यासी निकलें तो उनका स्वागत राजा की तरह ही होना चाहिए। कुंभ पर्व पर वर्तमान समय में नागा संन्यासियों की पेशवाई उसी अंदाज में निकाली जाती है। अखाड़े अपनी पेशवाई में भव्यता का प्रदर्शन करते हैं। इसमें विभिन्न प्रकार के अत्र-शत्रों का प्रदर्शन, झाँकियों और युद्ध का प्रदर्शन बैंड और बाजों के साथ करते हुए चलते हैं। जनता द्वारा पेशवाई का स्थान-स्थान

पर भव्य स्वागत किया जाता है। अखाड़ों की पेशवाई का कुंभ में अपना एक अलग ही आकर्षण होता है।

कुंभ पर्व पर अखाड़ों द्वारा जो जुलूस निकाले जाते हैं, उसे 'पेशवाई' कहा जाता है। पेशवाई के पश्चात् अखाड़ों द्वारा स्नान किया जाता है, जिसे 'शाही स्नान' कहा जाता है। शाही स्नान का अपना एक अलग आकर्षण एवं महत्त्व है। शाही स्नान के लिए साधु-संतों को शीर्ष प्राथमिकता दी जाती है, क्योंकि अखाड़ों के स्नान के बिना कुंभ पर्व पूर्ण नहीं माना जाता है।

संन्यास दीक्षा अनुष्ठान भी एक अहम हिस्सा

पेशवाई के बाद अखाड़ों में धूनी, अग्निहोत्र, प्रवचन, भागवद् कथाएँ आदि का क्रम शुरू हो जाता है। इस तरह 'कुंभ' संपन्न होने तक यह सिलसिला जारी रहता है। इस दौरान अखाड़ों में दीक्षाएँ भी दी

जाती हैं। नए साधु बनाए जाते हैं। उन्हें संस्कारित किया जाता है। अखाड़ों में पहुँचे नागा संन्यासियों को संन्यास दीक्षा आचार्यों द्वारा दी जाती है। इसके लिए परमहंस कोटि के विद्वान् तपस्वी संन्यासियों को आचार्य महामंडलेश्वर का पद दिया जाता है। यह परंपरा संन्यासियों के सात अखाड़ों में है। संन्यासियों से इतर उदासीन व निर्मल अखाड़ों में महामंडलेश्वर बनाने की परंपरा नहीं है।

□

अखाड़ों के बिना 'कुंभ' अधूरे

साधु-संन्यासियों और उनके अखाड़ों की परंपरा से परिचित हुए बिना कुंभ और प्राचीन भारतीय दर्शन को समझा ही नहीं जा सकता। दरअसल कुंभ पर संसारियों के साथ-साथ लाखों की संख्या में संन्यासियों की भी सक्रिय उपस्थिति अनुपम और अनूठी है। स्वत:स्फूर्त इस विराट् समागम के कारण ही अखाड़ों, धार्मिक मर्मज्ञों, दार्शनिकों, समाज सुधारकों आदि ने देश व विश्वव्यापी सीख-संदेशों के लिए समय-समय पर इस संत-समागम व मानव-मिलन का भरपूर उपयोग किया। अखाड़ों की इस पर्व पर भूमिका हमारी समृद्ध परंपरा के लिहाज से और भी महत्त्वपूर्ण है।

अखाड़ों में साधु-संन्यासियों को प्रशिक्षित किया जाता है। उन्हें शस्त्र विद्या सिखाई जाती है। दरअसल संन्यासियों को पूर्व में शास्त्र और शस्त्र दो विधाओं में पारंगत किए जाने की परंपरा रही। इनमें शात्रधारी संन्यासी अध्ययन एवं अध्यापन कर, जहाँ आध्यात्मिक विकास में जुटते थे, वहीं शस्त्र प्रवीण साधुओं का काम धर्म रक्षा और समाज रक्षा का था। इसी निमित्त इन प्रशिक्षण स्थलों को 'अखंड' पुकारा जाता था, जो धीरे-धीरे 'अखाड़े' नाम से प्रचलित हो गए।

अखाड़े हमारी आन-बान-शान

इतिहास गवाह है, शत्रधारी व शात्रधारी इन अखाड़ों में संस्कृति की रक्षा के साथ-साथ समय-समय पर धर्मरक्षार्थ सशस्त्र प्रतिरोध कर आततायियों से रक्षा भी की है। दुनिया से आज कई सभ्यताएँ, संस्कृतियाँ मिट गईं, पर हमारी हस्ती सदियों बाद भी बची हुई है तो इन अखाड़ों का ही इसमें अविस्मरणीय योगदान है। हमारी आन-बान-शान हैं ये अखाड़े, साथ ही हमारी समृद्ध ऋषि-परंपरा के प्रतीक भी।

दुनिया में आज हमारी राष्ट्रीय पहचान, हमारे साधु-संत व संन्यासियों को लेकर भी है। दुनिया के किसी भी कोने में गेरुआ वस्त्रधारियों को देखते ही धर्म-संस्कृति परायण हिमालयी देश भारत का नाम बरबस ही जुबान पर आ जाता है। हमारी सनातन परंपरा में इन साधु-संन्यासियों के लिए जहाँ एक ओर जनता की आध्यात्मिक शिक्षा-दीक्षा को धर्मशात्र संबंधी ज्ञानार्जन का विधान है, तो दूसरी ओर पाश्वी शक्तियों से धर्म की रक्षा के लिए शस्त्र विद्या का भी प्रावधान है। आदिगुरु शंकराचार्य ने इसी क्रम में साधु-संन्यासियों को दो दिशाओं में प्रशिक्षित कर विभिन्न नामों से उन्हें जिम्मेदारियाँ दीं। चार मठ और दस शाखाओं से जोड़ते हुए उन्हें हमारी सनातन संस्कृति का प्रतिनिधि बनाया।

□

कुल तेरह अखाड़े हैं देश भर में

संन्यासियों के लिए सांसारिक उन सभी वस्तुओं का त्याग करने की परंपरा है, जो धर्म रक्षा के पुनीत उद्देश्य में बाधक हों। यहाँ तक कि देह रक्षक वस्त्रों का भी उन्होंने त्याग कर दिया। इस तरह अस्त्र व आत्मिक शक्तियों में प्रवीण इन साधु-संन्यासियों को जनसमुदाय ने नग्न संन्यासी कहना शुरू कर दिया। कालांतर में यही 'नागा' संन्यासी कहे जाने लगे और उनके प्रशिक्षण स्थल 'अखंड' नाम से पुकारे गए, जो बाद में 'अखाड़े' के रूप में प्रचलित हो गए।

संत-महात्माओं और अखाड़ों की भागीदारी से ही कुंभ मेलों की महानता बनी हुई है। इस दिशा में जगदगुरु शंकराचार्य के योगदान को कभी नहीं भुलाया जा सकता। आद्य शंकराचार्य ने उस कठिन समय में हिंदू समाज को एकजुट किया, जब यूरोपीय मिशनरी संपूर्ण भारत में धर्मांतरण के लिए हर प्रकार के हथकंडे अपना रहे थे। दूसरी ओर राजा-महाराजा बौद्ध धर्म से प्रभावित हो रहे थे। पूरे भारत में हिंदू धर्म का अस्तित्व संकट में था। बिखरे हुए संत समाज को एक दिशा देने के लिए आद्य शंकराचार्य ने देश के चारों कुंभों में संत समाज के एकत्र होने की परंपरा को पुनर्जीवित किया।

संत समाज का देश की स्वतंत्रता सुनिश्चित रखने में भी बड़ा योगदान है। उन्होंने आवश्यकता पड़ने पर शास्त्र के साथ शस्त्रों को भी धारण किया। राजा और प्रजा दोनों का मार्गदर्शन किया। जब देश पर आक्रमण हुए, और राजा-महाराजा पराजित होने लगे, तब संतों ने शस्त्र धारण करके युद्ध भी

किए। संन्यासियों की एक मात्र सेना नागा साधुओं के सैन्य बल के रूप में विश्वविख्यात है। जब-जब हिंदू धर्म को समाप्त करने के प्रयास किए गए, साधु-संतों ने आत्मबलिदानी युवाओं को शास्त्रों के साथ शस्त्रों की शिक्षा भी दी।

धर्म और राष्ट्र में चेतना जगानेवाले सशस्त्र नागा साधुओं के समूह को पहले अखंड कहा जाता था—'अखण्ड संज्ञा सङ्केतः कृतोधर्मविवर्धये।' प्रकारांतर में अखंड शब्द ही बिगड़ते-बिगड़ते अखाड़ा बना और बाद में अखाड़ा कहलाने लगा, 'अखाड़ा नामादिखण्डो, यत्र सः अखण्ड उदाहृत।' वास्तव में यह अखाड़ा वह स्थान कहलाता है, जहाँ मैं और तेरा कोई भेद न हो।

अखाड़ों के बारे में जनसामान्य को अधिक जानकारी नहीं है। यह ऐतिहासिक सत्य बहुत कम लोग ही जानते हैं कि जब खिलजी और तुगलक वंश के शासकों द्वारा अपने धर्म के प्रचार के लिए केवल हिंसा और शस्त्रों का सहारा लिया जा रहा था। उसी काल में कुंभ मेलों में दशनाम संन्यासियों ने यह निर्णय लिया कि हिंदू धर्म पर सशस्त्र आक्रमण का उत्तर शस्त्रों द्वारा ही दिया जाए। सर्वप्रथम नागा संन्यासियों के दशनामी अखाड़े 'आह्वान' का गठन हुआ। द्वितीय अखाड़े का नाम 'अटल' रखा गया। अटल अखाड़े की स्थापना की एक शताब्दी के भीतर तृतीय अखाड़ा 'महानिर्वाणी' बना। इसके उपरांत नागा संन्यासियों ने ही 'आनंद', 'निरंजनी' एवं 'जूना अखाड़े' स्थापित किए। आद्य शंकराचार्य के अनुयायी ब्रह्मचारियों के लिए सातवाँ अखाड़ा 'अग्नि' स्थापित किया गया।

हरिद्वार में दस अखाड़े और तीन के आश्रम हैं

वर्तमान में हरिद्वार में संन्यासियों के सात, उदासीनों के 2 व निर्मलों का एक यानी कुल मिलाकर दस अखाड़े हैं, इनके अलावा तीन वैरागी अखाड़ों के भी पचास के करीब आश्रम यहाँ तीर्थ नगरी में हैं।

जहाँ तक पूरे देश का सवाल है, इस समय भारत में तेरह अखाड़े हैं।

उनमें सात अखाड़े दसनामी नागाओं के, तीन वैष्णव वैरागी संप्रदाय के, दो उदासीन संप्रदाय के तो एक निर्मल अखाड़ा है। दशनामी नागाओं के सात अखाड़ों में श्री पंचायती निरंजनी अखाड़ा, श्री आनंद अखाड़ा, श्री जूना अखाड़ा, श्री आह्वान अखाड़ा, श्री महानिर्वाणी अखाड़ा, श्री अटल अखाड़ा व श्री पंच अग्नि अखाड़ा शामिल हैं, जबकि वैष्णव वैरागी संप्रदाय के तीन अखाड़ों में क्रमशः श्री दिगंबर अखाड़ा, श्री निर्वाणी अखाड़ा, श्री निर्मोही अखाड़ा और उदासीन संप्रदाय के दो अखाड़ों में श्री उदासीन अखाड़ा और नया अखाड़ा, उदासीन के अलावा श्री निर्मल अखाड़ा सम्मिलित हैं। ये सभी तेरह अखाड़े अब हरिद्वार कुंभ में हर की पैड़ी पर स्नान करते हैं।

अखाड़ों का संक्षिप्त इतिहास

1. श्री आह्वान अखाड़ा

श्री आह्वान आखाड़े की स्थापना सन् 547 में विक्रमी संवत् 603 के ज्येष्ठ कृष्ण पक्ष की नवमी तिथि शुक्रवार को हुई। इस अखाड़े की स्थापना श्री दीनानाथ गिरि, दलपत गिरि, मरीची गिरि, रतन गिरि, उदय पुरी, भवहरण पुरी, गणपति भारती तथा हरिद्वार भारती आदि ने की। अखाड़े का मुख्यालय वाराणसी में है और इसकी शाखाएँ हरिद्वार, प्रयाग, उज्जैन तथा त्र्यंबकेश्वर में हैं।

आवाह्न अखाड़े के आराध्य देव श्री गणेश

अखाड़े के मुखिया आचार्य महामंडलेश्वर होते हैं। इसके अतिरिक्त अखाड़े में आचार्य महामंडलेश्वर,

मंडलेश्वर तथा श्री महंत आदि पदों पर प्रतिष्ठित संत सुशोभित होते हैं। ऐसा माना जाता है कि हिंदू धर्म की रक्षा के लिए शैव संन्यासियों ने मिलकर अपनी तप स्थली छोड़कर धर्मयुद्ध का मार्ग अपनाया। वर्तमान में इसे 'श्री शंभु पंचदशनाम अखाड़ा' भी कहते हैं। इस अखाड़े के इष्टदेव श्रीगणेशजी हैं।

कुंभ मेला 2010 में इसके महामंडलेश्वर स्वामी श्री शिवेंद्र गिरिजी, सात महामंडलेश्वर, सभापति स्वामी श्री महेंद्र भोलागिरि तथा श्री महंत शिव गिरि आदि प्रमुख महात्मा थे।

2. श्री अटल अखाड़ा

श्री अटल अखाड़ा की स्थापना सन् 646 में विक्रमी संवत् 703 में मार्गशीर्ष सुदी चतुर्थी तिथि रविवार को सागर भारती, अयोध्या पुरी, महेश गिरि, प्रतिवन तथा वनखंडी भारती आदि ने की। इसका मुख्यालय भी वाराणसी में ही है और शाखाएँ हरिद्वार, प्रयाग, उज्जैन, त्र्यंबकेश्वर, आरज, बड़ौदा आदि

अटल अखाड़े के आराध्य देव श्री गणेश

में हैं। वर्तमान में इसे 'श्री शंभु दशनाम अटल अखाड़ा' नाम से भी जाना जाता है। इसके इष्टदेव भी श्री गणेश हैं। कुंभ मेला 2010 में इसके आचार्य महामंडलेश्वर स्वामी श्री शुकदेवानंद पुरीजी तथा श्री महंत उदय गिरि, श्री महंत हरि गिरि व श्री महंत हरि चैतन्य पुरी प्रमुख महात्मा थे।

3 श्री महानिर्वाणी अखाड़ा

महानिर्वाणी अखाड़े के आराध्य देव श्री महामुनि कपिलजी

श्री महानिर्वाणी अखाड़े की स्थापना सन् 759, विक्रमी संवत् 805 में मार्गशीर्ष सुदी, दशमी तिथि, गुरुवार को गढ़कुंडा में हुई। इसका मुख्यालय प्रयाग में है। शाखाएँ हरिद्वार, ओंकारेश्वर, भर, बरार, उदयपुर, ज्वालामुखी तथा त्र्यंबकेश्वर आदि में हैं। महानिर्वाणी अखाड़े की स्थापना श्री उत्तम गिरि, श्री रूप गिरि, श्री शंकर पुरी, श्री दिगंबर पुरी, श्री भवानी पुरी, श्री देव बन तथा श्री ओंकार भारती आदि ने की। इस अखाड़े के इष्ट कपिल मुनि हैं। कुंभ मेला में अखाड़े के आचार्य महामंडलेश्वर स्वामी श्री विश्वदेवानंदजी महाराज तथा 40 अन्य महात्मा महामंडलेश्वर थे। श्री महंतों में प्रमुख श्री महंत वासुदेव गिरि, श्री महंत जगदीश पुरी, श्री महंत मंगल गिरि, श्री महंत हरि नारायण पुरी, श्री महंत राजेश्वर गिरि, श्री महंत सुभाष पुरी, श्री महंत रवींद्र गिरि, श्री महंत संतोष भारती तथा सचिव श्री महंत रविंद्र पुरी थे।

4. श्री आनंद अखाड़ा

आनन्द अखाड़े के आराध्य देव श्री सूर्यनारायण

श्री आनंद अखाड़े की स्थापना सन् 856, विक्रमी संवत् 912 में मार्गशीर्ष ज्येष्ठ सुदी चतुर्थी रविवार को बरार में हुई। अखाड़े का मुख्यालय वाराणसी में और इसकी शाखाएँ हरिद्वार, प्रयाग, उज्जैन तथा त्र्यंबकेश्वर में हैं। इस अखाड़े की स्थापना श्री हरिहर गिरि, श्री रामेश्वर गिरि, श्री कथा गिरि, श्री देवदत्त भारती, श्री शिवश्याम पुरी तथा श्री हेमवन आदि ने की थी। अखाड़े के इष्ट श्री सूर्यनारायण हैं। कुंभ मेला में इसके आचार्य महामंडलेश्वर स्वामी श्री देवानंद सरस्वतीजी महाराज, दो महामंडलेश्वर एवं श्री महंतों में प्रमुख श्री सागरानंद सरस्वती, श्री शंकरानंद, श्री पुरुषोत्तम गिरि तथा सचिव श्री बालक गिरि थे।

5. श्री निरंजनी अखाड़ा

निरंजीन अखाड़े में स्थापित भगवान कार्तिकेय स्वामीजी

श्री निरंजनी अखाड़े की स्थापना सन् 904, विक्रमी संवत् 960 में कार्तिक सुदी षष्ठी तिथि सोमवार को कच्छ में हुई। इसका मुख्यालय हरिद्वार में है। शाखाएँ प्रयाग, उज्जैन, कर्नाकी, बड़ौदा, गुरुशिखर, कोलापुर, ज्वालादेवी, अहमदाबाद तथा त्र्यंबकेश्वर में हैं।

इस अखाड़े की स्थापना श्री स्वभाव पुरी, श्री कैलाश पुरी, श्री क्षेमवन, श्री उदयवन तथा श्री जगन्नाथपुरी आदि ने की थी। आजकल इस अखाड़े को 'श्री पंचायती निरंजनी अखाड़ा' नाम से भी जाना जाता है। अखाड़े के इष्ट भगवान् कार्तिकेय हैं।

कुंभ मेला में 2010 में इसके आचार्य महामंडलेश्वर स्वामी श्री निंरजन पीठाधीश्वर स्वामी पुण्यानंद गिरिजी महाराज तथा उनके अधीन 40 महामंडलेश्वर थे। श्री महंतों में प्रमुख थे श्री महंत लालता गिरि, श्री महंत त्र्यंबक भारती, श्री महंत नरेंद्र गिरि, श्री महंत हरगोविंद पुरी तथा श्री महंत रामानंद पुरी।

6. श्री अग्नि अखाड़ा

श्री अग्नि अखाड़ा की स्थापना सन् 1136, विक्रमी संवत् 1192 में आषाढ़ शुक्ल एकादशी में हुई। इसे 'श्री पंचायती शंभू दशनाम चतुर्नामना' नाम से भी जाना जाता है। इस अखाड़े को 'ब्रह्मचारियों का अखाड़ा' भी कहते हैं। अखाड़े का मुख्यालय वाराणसी में तथा शाखाएँ प्रयाग, उज्जैन, त्र्यंबकेश्वर, अहमदाबाद, बरेली, हरिद्वार और जूनागढ़ आदि में हैं। इसके इष्टदेव श्री अग्नि देव एवं गायत्री माता हैं।

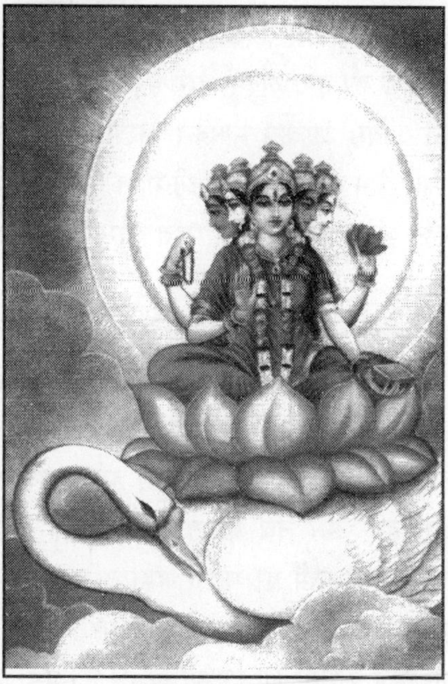

अग्नि अखाड़े की आराध्या श्री गायत्री देवीजी

कुंभ मेला 2010 में इस अखाड़े के अध्यक्ष श्री गोपालानंद बापू, महासचिव श्री महंत गोविंदानंद तथा सचिव श्री महंत कैलाशानंद ब्रह्मचारी थे।

7. श्री पंचायती अखाड़ा बड़ा उदासीन

श्री पंचायती अखाड़ा बड़ा उदासीन की स्थापना सन् 1768, विक्रमी संवत् 1825 में श्री निर्वाण प्रीतम दासजी महाराज के नेतृत्व में उदासीन संतों का सुदृढ़ संगठन बनाने के उद्देश्य से की गई। इस अखाड़े में आचार्य महामंडलेश्वर नहीं होते हैं। इसका मुख्यालय प्रयाग तथा शाखाएँ गया, हरिद्वार, उज्जैन, वाराणसी, पटियाला, कुरुक्षेत्र, शिवकांची, हिलसा तथा बड़नगर आदि स्थानों में हैं। कहा जाता है कि हैदराबाद के एक संपन्न व्यक्ति नानकराम ने सन् 1768 में श्री निर्वाण देव महाराज को सात लाख रुपए भेंट करके हिंदू धर्म की रक्षा के लिए प्रभावी प्रयास करने का आग्रह किया था। निर्वाण देवजी ने उदासीन संप्रदाय की रक्षा और कुंभ मेलों की व्यवस्था के लिए इस अखाड़े की स्थापना की थी। इस अखाड़े की इष्ट लक्ष्मी देवी हैं। इस अखाड़े के अंतिम आचार्य श्री चंद्रमाचार्य को अंतिम आचार्य मानकर अखाड़े में आचार्य परंपरा को समाप्त कर दिया गया। कुंभ मेला में इसके श्री महंत राजेंद्र दास कोठारी, श्री महंत मोहन दास, श्री महंत शंकरदास तथा श्री महंत रघुमुनि प्रमुख पदाधिकारी थे।

8. श्री पंचायती उदासीन नया अखाड़ा

श्री पंचायती उदासीन नया अखाड़े की स्थापना सन् 1846, विक्रमी संवत् 1902 में बड़ा उदासीन अखाड़ा में मतभेद होने के कारण श्री सूरदासजी महाराज के नेतृत्व में प्रयाग में हुई। इसके पश्चात् पहले अखाड़े को 'बड़ा अखाड़ा' और नव गठित अखाड़े को 'नया उदासीन अखाड़ा' कहा जाने लगा। कुंभ पर्वों पर पहले बड़ा अखाड़ा, फिर नए अखाड़े के महात्मा और गृहस्थ स्नान करते हैं। इसमें चार महंत होते हैं, इनके आचार्य भी बड़ा उदासीन की तरह स्वामी श्री चंद्रमाचार्यजी हैं। इस अखाड़े में आचार्य महामंडलेश्वर नहीं होते। अखाड़े के इष्ट भगवान् श्री विष्णु हैं।

कुंभ मेला में इसके मुखिया महंतों में श्री महंत भगतरामजी, श्री महंत धर्मदासजी, श्री महंत पंचम दासजी तथा श्री महंत गंगा दासजी थे। इसके सचिव श्री महंत जगतार मुनि थे।

चित्रों में कुंभ

चित्रों में कुंभ

9. श्री पंचायती निर्मल अखाड़ा

श्री पंचायती निर्मल अखाड़ा की स्थापना सन् 1856, विक्रमी संवत् 1912 में चनार में पटियाला, फरीदकोट, संगरूर, नाभा तथा कलासिया के महाराजाओं के सहयोग से बाबा महताब सिंह ने की थी। इस अखाड़े के नाम को गुरुनानक देवजी के प्रथम शिष्य भगीरथ सिंह ने बढ़ाया। उन्होंने ही निर्मल संप्रदाय का गठन किया। गुरुगोविंद सिंहजी ने पाँच निर्मल गैरिक धारियों (भगवा वत्र) को धर्मशात्र पढ़ने के लिए काशी भेजा, इन पाँचों को विशेष उपाधि दी और सिख समाज को इन पाँचों निर्मल संतों की पूजा करने का आदेश दिया। महाराजा पटियाला नरेंद्र सिंहजी ने महाराजा जींद से परामर्श करके दो गाँवों झंडी और कल्लर से प्राप्त होनेवाली आमदनी के साथ ही 20 हजार रुपए नगद इस अखाड़े को देने की व्यवस्था की। महाराजा नाभा ने 16 हजार रुपए नगद और हरिगाँव का स्वामित्व अखाड़े को सौंपा। महाराजा जींद ने 20 हजार रुपए के साथ मंडलवाला तथा बल्लभगढ़ दो गाँव सौंपे। महाराजा फरीदकोट ने अखाड़े को अपनी रियासत का चमेली गाँव भेंट किया था। इस अखाड़े का मुख्यालय हरिद्वार में है तथा शाखाएँ प्रयाग, उज्जैन, नासिक और त्र्यंबकेश्वर आदि में हैं। अखाड़े के इष्टदेव श्री गुरुग्रंथ साहिबजी हैं। साथ ही अखाड़े में शिव तथा वैदिक स्वरूपों की भी उपासना मान्य है। अखाड़े में आचार्य महामंडलेश्वर का पद नहीं होता।

कुंभ मेला 2010 में अखाड़े के अध्यक्ष श्री महंत ज्ञानदेव सिंहजी थे। उनके अतिरिक्त श्री महंत मित्र प्रकाश सिंह कोठारी तथा सचिव श्री महंत बलवंत सिंह प्रमुख पदाधिकारी थे।

10. श्री जूना अखाड़ा

श्री जूना अखाड़ा की स्थापना सन् 1156 ई., विक्रमी संवत् 1202 में कार्तिक सुदी दशमी तिथि मंगलवार को कर्णप्रयाग में हुई। उक्त अखाड़े की स्थापना श्री बैकुंठपुरी, शंकरपुरी, वेंणीपुरी, रघुनाथ वन, दयावन, सुंदरगिरी, दलपतिगिरी आदि ने की। अखाड़े को श्री शंभू दशनाम जूना अखाड़ा तथा

भैरव अखाड़ा के नाम से भी जाना जाता है। इनके ईष्टदेव भैरव व सूर्य तथा पूज्य दत्तात्रेयजी है। वर्तमान समय में आचार्य महामंडलेश्वर स्वामी श्री अवधेशानंद गिरीजी महाराज तथा 60 महामंडलेश्वर हैं। श्रीमहंतों में प्रमुख श्री महंत उमाशंकर भारती, श्रीमहंत गिरिजादत्त गिरि, श्रीमहंत हरि गिरि, जो कि अखिल भारतीय अखाड़ा परिषद् के महामंत्री भी हैं, के साथ-साथ श्रीमहंत प्रेमपुरी, श्रीमहंत प्रेमगिरी व श्रीमहंत विद्यानंद सरस्वती प्रमुख हैं।

श्री वैष्णव अखाड़े

श्री वैष्णव अखाड़ों की स्थापना सन् 1475 के आसपास हुई। तब जगद्‌गुरु रामानंदाचार्य के परम शिष्य और श्री माधवानंदजी के शिष्य श्री बालानंदजी मठ के संस्थापक श्री अनुभवानंदाचार्य ने चारों संप्रदायों के वैष्णव जनों को एक संगठन बनाने के लिए वृंदावन में एकत्र किया। इस अखाड़े में धर्म प्रचार के साथ ही युद्ध कला में भी प्रशिक्षण दिया जाने लगा। ये अखाड़े आज श्री निर्मोही अणी अखाड़ा, श्री दिगंबर अणी अखाड़ा तथा श्री निर्वाणी अणी अखाड़ा कहलाते हैं।

11. श्री निर्मोही अणी अखाड़ा

उक्त अखाड़े निम्नलिखित अणियों में विभक्त हैं—

1. श्री रामानंदीय निर्मोही
2. श्री रामानंदीय झाड़िया निर्मोही
3. श्री रामानंदीय मालाधारी निर्मोही
4. श्री रामानंदीय महानिर्वाणी निर्मोही
5. श्री रामानंदीय संतोषी निर्मोही
6. श्री राधा बल्लभी निर्मोही
7. श्री हरि व्यासी संतोषी
8. श्री हरि व्यासी महानिर्वाणी
9. दादू पंथी

12. श्री दिगंबर अणी अखाड़ा

उक्त अखाड़े निम्नलिखित अणियों में विभक्त हैं—

1. श्री राम दिगंबर अखाड़ा
2. श्री श्याम दिगंबर अखाड़ा

13. श्री निर्वाणी अणी अखाड़ा

उक्त अखाड़े निम्नलिखित अणियों में विभक्त हैं—

1. श्री रामानंदीय निर्वाणी
2. श्री रामानंदीय खाकी
3. श्री रामानंदीय निरालंबी
4. श्री रामानंदीय टाटमबरी
5. श्री रामानंदीय हरिव्यासी
6. श्री रामानंदीय हरिव्यासी खाकी
7. श्री बलभद्री

□

धर्मरक्षा का स्वर्णिम इतिहास

धर्म की रक्षा के साथ-साथ आपातकाल में भी साधु-संन्यासियों का खुलकर आगे आने का उल्लेख मिलता है। सनातन धर्म की रक्षा के लिए उन्होंने कई बड़े युद्ध किए। समय-समय पर हिंदू राजाओं की भी सहायता की। कभी उन्होंने अफगानों व मुगलों से लोहा लिया तो कभी अन्य विधर्मी आततयियों से। इनमें नागा संन्यासियों की भूमिका सर्वाधिक उल्लेखनीय है।

विधर्मियों से विश्वनाथ मंदिर को बचाया

ऐतिहासिक विवरण मिलता है कि 1664 में औरंगजेब के सेनापति मिर्जा अली तुंग तथा अब्दुल अली ने काशी ज्ञानवापी पर आक्रमण किया। उनके साथ हिंदू मनसबदार राजा हरिदास केसरी और नरेंद्र दास भी थे। नागा संन्यासी श्री रमणगिरि, श्री लक्ष्मणगिरि मौनी तथा श्री देशगिरिजी नक्खी के नेतृत्व में हजारों सशस्त्र नागा संन्यासियों ने अधर्मी सेना को युद्ध में परास्त कर विश्वनाथ मंदिर की रक्षा की। नागा संन्यासियों की धर्मरक्षा का यह उत्कृष्ट उदाहरण था। हरिद्वार युद्ध भी उनकी युद्धकला को प्रदर्शित करने के लिए काफी है।

हरिद्वार में मुगल सेना को दिया मुँहतोड़ जवाब

सन् 1666 में औरंगजेब की सेना ने हरिद्वार पर आक्रमण किया। उस समय नागा संन्यासी श्री गायब गिरिजी, लक्ष्मी गिरिजी, अभयनाथ भारतीजी, जीवनपुरीजी जंगसार, विशालपुरीजी, वनखंडी भारतीजी, सहजवनजी

अग्निहोत्री, बहादुर गिरिजी, ध्यान गिरिजी, परशुराम गिरिजी, इंद्रमणिगिरिजी एवं भोला गिरिजी आदि ने हरिद्वार पहुँचकर आक्रमणकारियों को ललकारा, अपना झंडा तथा निशान स्थापित किया। उस समय श्री रामभारतीजी के जयघोष से उत्साहित होकर मुगल सेना के समस्त मराठा सैनिक शाही सेना छोड़कर नागाओं के पक्ष में आ गए। मुगल सेना परास्त हुई। विजयी भगवा ध्वज लहरा उठा।

सन् 1754 में जोधपुर के राजा विजय सिंह के निवेदन पर जय अप्पा सिंधिया की विशाल मराठा सेना से युद्ध करने के लिए नागा संन्यासी कुंभलगढ़ की रक्षा के लिए आगे आए। यद्यपि विजय सिंह इस युद्ध में पराजित हुआ, पर नागौर के किले में उसे सुरक्षित पहुँचाने का कार्य नागा संन्यासियों ने ही किया।

प्रयाग नगरी भी ऋणी है उनकी वीरता की

ऐतिहासिक उल्लेख मिलता है कि सन् 1759 ई. में अहमद खाँ बंगस ने दिल्ली के वजीर और अवध के नवाब सफदरजंग को परास्त करके इलाहाबाद के किले को घेर लिया था। वह नगर पर अधिकार करनेवाला ही था कि उसी समय प्रयागराज (इलाहाबाद) का कुंभ आ गया। उसमें सम्मिलित होने के लिए देश के विभिन्न भागों से धर्मनुरागी लोगों का महान जन-सम्मेलन हुआ। उसमें नागा संन्यासियों का एक विशाल जन-समूह भी श्री राजेंद्रगिरिजी के नेतृत्व में आया था। इन नागा संन्यासियों की संख्या विभिन्न विवरणों के अनुसार पचास से साठ हजार तक थी। उन लोगों ने पहले कुंभ पर्व में किए जानेवाले अपने धार्मिक अनुष्ठानों को पूर्ण किया, तत्पश्चात् विभिन्न शस्त्र धारण करके फरवरी से अप्रैल तक अहमद खाँ बंगस के साथ युद्ध किया और उसको पराजित करके प्रयाग नगर (इलाहाबाद) की रक्षा की।

झाँसी की भी रक्षा की

सन् 1840 में यशगिरि नामक नाना संन्यासी को जैसलमेर की सेना का

नायकत्व मिला। उन्होंने 30 वर्षों तक राज्य की सेवा करते हुए पठान, सिख तथा नागा संन्यासी दल का नेतृत्व किया। बड़ौदा में गोविंद राव गायकवाड़ और अबा सेलूकर के युद्ध में नागा संन्यासियों ने गायकवाड़ के पक्ष में युद्ध किया। कच्छ में सरबुंद खाँ (1725-1730) के भतीजे को हराकर संन्यासियों ने प्रागमल को पुनः गद्दी पर बिठाया। अठारहवीं शती में झाँसी नागा संन्यासियों का केंद्र बनी। अंग्रेजक कमांडर ह्यूम रोज के घेरे से झाँसी की रानी को निकालने तथा महारानी के अंगरक्षक के रूप में इन नागा संन्यासियों की भूमिका उल्लेखनीय है।

1857 की क्रांति में भी रही महत्त्वपूर्ण भूमिका

इसी तरह हरिद्वार में 1857 की क्रांति के दौरान संन्यासियों की भूमिका अविस्मरणीय रही। यहाँ नीलधारा पार चंडी की तलहटी में ही इस क्रांति की महत्त्वपूर्ण योजना बनी थी। यह योजना तैयार करने में महर्षि दयानंद सरस्वती के गुरुजन स्वामी विरजानंद, स्वामी पूर्णानंद (विरजानंदजी के गुरु) तथा स्वामी ओमानंद (पूर्णानंदजी के गुरु) की मुख्य भूमिका थी।

स्वाधीनता संग्राम में भी रहा संतों का बड़ा योगदान

प्रसिद्ध इतिहास वेत्ता डॉ. सर यदुनाथ सरकार ने 'नागा संन्यासियों का इतिहास' पुस्तक में लिखा है कि 1887 के स्वाधीनता संग्राम में भी इन संन्यासी नागाओं ने नाना साहेब और झाँसी की रानी की सहायता की थी। अंग्रेजों के खिलाफ जनता को भड़काने के लिए साधु-संन्यासी भारत के विविध नगरों, गाँवों तथा छावनियों में घूम रहे थे।

इतिहास के विश्वविख्यात विद्वान् डॉ. सत्यकेतु ने निष्कर्ष रूप में लिखा है कि यह स्वीकार करना होगा कि 1855 के कुंभ के अवसर पर हरिद्वार में साधु संन्यासियों तथा नाना साहब एवं स्वाधीनता संग्राम के अन्य नेताओं के बीच हुए परामर्श की जो बात है, निराधार नहीं है। दीनबंधुजी द्वारा प्रस्तुत आत्मचरित्र के अतिरिक्त सर्व खाप पंचायत के रिकॉर्ड में भी उनकी स्मृति

सुरक्षित है और एक दस्स बाबा अर्थात् दशनाम संन्यासी के स्वाधीनता संग्राम के संचालक होने की बात सीताराम बाबा ने भी सैनिक कमीशन के सम्मुख दी गई 58 पृष्ठों की 8 दिन लगातार चलनेवाली गवाही में कही थी। 1855 के कुंभ की इससे बड़ी सार्थकता क्या होगी, जिसने पूरे देश के इतिहास को प्रभावित किया और जिसकी पूर्णाहुति 1947 की स्वतंत्रता-प्राप्ति के रूप में हुई।

□

हरिद्वार पहली कुंभ नगरी

तमाम पौराणिक उल्लेख मिलते हैं कि पहली कुंभ नगरी हरिद्वार ही है। यहीं हर की पैड़ी पर राजा भगीरथ द्वारा गंगा को पृथ्वी पर लाने के लिए ब्रह्मा की तपस्या करने का जिक्र मिलता है। कहा गया है कि तपस्या से प्रसन्न होकर ब्रह्मा ने भगीरथ से वरदान माँगने को कहा। राजा भगीरथ ने अपने वरदान में गंगा को धरती पर लाने के साथ-साथ ही अपनी साधना स्थली को अपने नाम से (ब्रह्मा) जग प्रसिद्ध करने की विनती की। इस तरह उनके साथ-साथ यहाँ विष्णु व महेश का भी स्वत: वास हो जाता और यह पावन स्थल महातीर्थ बन जाता। ब्रह्मा ने तथास्तु कहते हुए उनकी प्रार्थना स्वीकार कर ली। इस तरह यह पवित्र स्थली 'ब्रह्मकुंड' के नाम से अमर हो गई।

कहते हैं, यहीं भर्तृहरि ने भी तपस्या की, जो हर की पैड़ी कहलाई। ऐतिहासिक विवरण मिलता है कि बाद में राजा विक्रमादित्य ने यहाँ पैड़ी की सीढ़ियाँ और कुंड बनवाए। आज भी हर की पैड़ी के पास एक बड़ा कुंड है। इस कुंड में एक ओर से गंगा की धारा प्रवेश करती है और दूसरी ओर से बाहर निकल जाती है। यहाँ कई मंदिर भी हैं। इनमें विष्णु चरण पादुका, मंसादेवी, साक्षीश्वर महादेव आदि शामिल हैं। यहीं कुंभ पर्व के दौरान शाही स्नान की भी सदियों पुरानी परंपरा बरकरार है।

वैसे भी यह महानगरी देवाधिदेव शिव के निवास कैलाश पर्वत का प्रवेश द्वार भी है, साथ ही गंगोत्तरी, यमुनोत्तरी, केदारनाथ, बदरीनाथ, चार

धामों का भी यही प्रवेशद्वार है। यही नहीं, यह नगरी त्रेता व द्वापर में भी पावन तीर्थ के रूप में जानी जाती रही है। जहाँ तक कुंभ के आयोजन का सवाल है, इसका समय वह होता है, जब भगवान् सूर्य अपने उत्तरायण यात्रा शुरू करते हैं। हरिद्वार उत्तर में ही स्थित है, धार्मिक मर्मज्ञों के अनुसार उत्तर में ही कुंभ महापर्व का शुभारंभ माना गया है। साथ ही उत्तर दिशा को देववास का प्रतीक माना जाता है। फिर हरिद्वार में ही प्रथम राशि मेष पर सूर्य के आने से इस महापर्व का योग बनता है।

बाद में ज्योतिष गणना पर भी कुंभ राशि के चलते कुंभ नाम वास्तव में सार्थक हो गया। इसलिए भी वास्तविक कुंभ हरिद्वार को ही माना गया है, बाकी जगह आगे की राशियों के अनुसार क्रमशः कुंभ का योग बनता है। यही नहीं, हरिद्वार की प्राचीनता व धार्मिक महत्ता से भी हरिद्वार महाकुंभ की महत्ता स्वतः उजागर हो जाती है। इस तरह कुंभ हमारी संस्कृति, धार्मिक आस्था के साथ-साथ जन-कल्याण के पावन उद्देश्य का प्राणतत्त्व है। हरिद्वार नाम खुद भी इसका जीवंत प्रतीक है। जाहिर है कुंभ का शुभारंभ इसी महातीर्थ से हुआ। इसलिए कुंभों में महाकुंभ है हरिद्वार।

हरिद्वार को गंगाद्वार एवं मायापुरी नाम से भी जाना जाता है। भगीरथजी द्वारा गंगा लाए जाने पर हरिद्वार का नाम 'गंगाद्वार' पड़ा। पौराणिक कथाओं के अनुसार रावण का वध करने के पश्चात् ब्रह्म हत्या के पाप से मुक्त होने की इच्छा लेकर श्रीराम एवं लक्ष्मणजी श्राद्ध एवं तर्पण करने हरिद्वार आए थे। श्रीराम ने देवप्रयाग एवं लक्ष्मणजी ने ऋषिकेश में तपस्या की थी।

भीष्म पितामह के दादा प्रतीक ने भी हरिद्वार में गंगा के किनारे तप किया और गंगा को शांतनु के लिए माँगा था।

पांडव भी इसी रास्ते से होकर हिमालय गए थे। हरिद्वार स्थित भीमगोड़ा भी इसी कथा से जुड़ा हुआ है। राजा स्वेत ने भी यहीं तपस्या की थी। गंगा की सप्तधाराओं के किनारे सप्तर्षि आश्रम स्थित है।

कुंभ पर्व में हरिद्वार में स्नान करने का विशिष्ट महत्त्व है; हालाँकि चारों स्थानों का विशेष महत्त्व है, किंतु विशिष्ट कुंभ हरिद्वार का ही माना जाता है।

कुम्भयोगे हरिद्वारे स्नानेन यत्फलम्।
अश्वमेधसहस्रेण यत् फलं लभते भुवि॥

अर्थात् मेष में सूर्य और कुंभ राशि में बृहस्पति होने से हरिद्वार में कुंभ का उत्तम योग बनता है। ऐसे अवसर पर हरिद्वार में स्नान करने से एक हजार अश्वमेध यज्ञ करने जैसा फल प्राप्त होता है।

□

तीनों शक्तियों का गढ़ हरिद्वार

तीर्थ नगरी हरिद्वार बेशक देवाधिदेव शिव की नगरी के रूप में विख्यात है, पर यह तीर्थ शैव साधना के साथ-साथ वैष्णव व शाक्त साधना का भी प्रमुख केंद्र है। यह तीर्थ नगरी विल्केश्वर, दक्षेश्वर, कोटीश्वर जैसे सिद्ध शिव मंदिरों के कारण यदि 'हरद्वार' है तो हरिपद तीर्थ के कारण 'हरिद्वार' भी है। इसके साथ ही मायादेवी, मनसा देवी, चंडी देवी तथा दक्षिण काली मंदिर के कारण यह नगरी शाक्त क्षेत्र भी है। माँ गंगा यहाँ तीनों संप्रदायों को

जोड़ने का माध्यम हैं। इस तरह जटा शंकरी होने के कारण यह तीर्थ शैवों की आराध्य नगरी है, तो विष्णुपदी होने से वैष्णवों के लिए और देवी मंदिरों के चलते शाक्तों के लिए पूज्य है।

गुरुकुल काँगड़ी वि.वि., हरिद्वार में अनुंधान प्रकाशन केंद्र के पूर्व निदेशक, एवं मानविकी संकाय अध्यक्ष रहे आचार्य डॉ. विष्णु दत्त राकेश के अनुसार गंगा द्वार का उल्लेख श्रीमद्भगवत् पुराण में भी मिलता है। इसमें गंगाद्वार का एक नाम 'द्युनद्यद्वारि' भी है। द्युनदी का अर्थ है गंगा और द्वारि का अर्थ है द्वार। कहते हैं, यहीं विदुर ने मैत्रेय ऋषि के आश्रम में सत्संग किया। गंगा द्वार का श्राद्ध और तर्पण के लिए उपयोग महाभारत काल में ही होने लगा था। भीष्म पितामह ने अपने पिता शांतनु का श्राद्ध हरिपद तीर्थ, यानी हर की पैड़ी पर किया था। डॉ. राकेश के अनुसार महाभारत में गंगोद्भेद (गंगोत्तरी) से कनखल तक के क्षेत्र को गंगाद्वार कहा गया है। इस पवित्र तीर्थ में बड़े-बड़े ऋषि निवास करते हैं। नारद द्वारा तीर्थ यात्रा महिमा वर्णन प्रसंग में भी कनखल तीर्थ का विशेष उल्लेख हुआ है। कनखल में गंगास्नान का विशेष माहात्म्य बताया गया है। कहते हैं, महाभारत के पात्र जयद्रथ ने यहीं तपस्या कर शिव को प्रसन्न किया था।

गंगाद्वार का एक नाम मायापुरी भी है। माया देवी यहाँ की अधिष्ठात्री देवी हैं। मौर्यकालीन भारत में गंगाद्वार की प्रतिष्ठा इसी माया देवी के कारण थी। ब्रह्म पुराण में जिन धर्मपुरियों का उल्लेख है, उनमें एक मायापुरी भी है, जिसे आज 'हरिद्वार' नाम से जाना जाता है।

अब इस तीर्थ नगरी के गंगाद्वार, मोक्षद्वार, मायापुरी और हरिद्वार नाम प्रचलित हो गए हैं। महाभारत काल में भी सप्तसरोवर यहाँ महत्त्वपूर्ण तीर्थ था। हरिपद तीर्थ के उत्तर में यह तीर्थ सप्तगंगा के नाम से विख्यात है। यहाँ सप्तर्षियों के पवित्र आश्रम थे। यहाँ दक्षेश्वर मंदिर में शिव स्वयं लिंगरूप में प्रतिष्ठित हुए बताए जाते हैं। यहाँ दक्ष मंदिर दस महाविद्याओं का साधना-स्थल बताया गया है।

□

पौराणिक काल की है कुंभनगरी

हरिद्वार को लेकर तमाम ऐतिहासिक व पुरातात्त्विक जानकारियाँ सामने आ रही हैं, जिससे साबित हो रहा है कि 'कुंभनगरी' हरिद्वार भारत के प्राचीनतम नगरों में एक है। तमाम पुरातात्त्विक प्रमाण तो इसे सिंधु घाटी सभ्यता से भी कहीं आगे ले जाते हैं। पौराणिक आख्यानों में तो इस तीर्थ नगरी का जिक्र रामायण व महाभारत काल में भी है। देश की शीर्षस्थ तीर्थ नगरी में

सन् 1880 में कुंभ के दौरान हर की पैड़ी का दुर्लभ चित्र

एक यह तीर्थ 'जल तीर्थ' होने के कारण अन्य तीर्थों से अनूठा है। काशी जहाँ भगवान् विश्वनाथ, उज्जैन भगवान् महाकाल, नासिक त्र्यंबकेश्वर, अयोध्या रामजन्मभूमि, मथुरा व द्वारका श्रीकृष्ण भूमि, पुरी जगन्नाथजी, सोमनाथ ज्योतिर्लिंग के कारण तीर्थ हैं। पर हरिद्वार गंगा के कारण तीर्थ है। जल ही गंगा का पावन विग्रह है। हरिद्वार की एक और विशेषता यह है कि यहाँ सभी संप्रदायों, पंथों, जातियों, भाषाओं व उपासना प्रणालियों के संतों के आश्रम व मंदिर हैं। आदि शंकराचार्य ने इसीलिए इस पावन भूमि को राष्ट्रीय, सांस्कृतिक व धार्मिक एकता के अभियान का केंद्र बनाया, साथ ही पुराणों में वर्णित विशेष ज्योतिष योग में कुंभ की शुरुआत की।

त्रेता व द्वापर का 'गंगाद्वार'

हरिद्वार का प्राचीन नाम 'गंगाद्वार' है। भगीरथी द्वारा गंगा लाए जाने के तत्काल बाद ही गंगा में अस्थि-प्रवाह की परंपरा प्रारंभ हो गई थी।

भरद्वाज ऋषि और 'घृताची' का मिलन यहीं हुआ था। द्रोणाचार्य घृताची के ही पुत्र थे। धनुर्धर अर्जुन एक वर्ष के अज्ञातवास में जब भाइयों के पास हरिद्वार आए तो नागराज कौरव्य की पुत्री 'उलूपी' उसे जलमार्ग से 'नागलोक' ले गई। पांडवों की निशानी 'भीमगोड़ा' आज भी हरिद्वार में विद्यमान है। इसी रास्ते से पांडव हिमालय की ओर गए थे। गंगा की सप्तधाराओं में किनारे सप्तर्षि आश्रम हैं। इनमें आज भी चारों धाराएँ स्पष्ट दिखती हैं। राजा 'श्वेत' ने इसी गंगाद्वार में तपस्या करके 'ब्रह्मा' को प्रसन्न किया था।

जहाँ तक पुरातत्त्व का सवाल है, जे.वी. जैन स्नातकोत्तर महाविद्यालय सहारनपुर के इतिहास विभागाध्यक्ष डॉ. के.के. शर्मा के अनुसार प्रसिद्ध नगरी कनखल के निकट बहादराबाद में गंग नहर की तलहटी में से भूरे रंग के मिट्टी के पात्र, जो ताँबे के रंग जैसे हैं, प्राप्त हुए हैं। इनको सिंधु घाटी से संबंधित बताया जाता है। इसके अतिरिक्त अंबखेड़ी, बड़गाँव, नसीरपुर और हुलास में हड़प्पा संस्कृति से मिलते-जुलते मृद्‌भांड भी प्राप्त हुए हैं।

प्रतिहारकालीन प्रतिमाएँ भी मिली हैं तीर्थनगरी के पास

गुर्जर प्रतिहार वंश के राजा मिहिर भोज (836-885 ई.) के शासनकाल में इस क्षेत्र पर गुर्जरों का पूर्ण प्रभाव रहा। आज भी उनके वंशज पश्चिम उत्तर प्रदेश के स्थानों पर बहुसंख्या में निवास करते हैं। हरिद्वार के निकटवर्ती क्षेत्र से प्रतिहार कालीन प्रतिमाएँ प्राप्त हुई हैं। श्यामपुर काँगड़ी ग्राम से प्राप्त कुबेर तथा महिषमर्दिनी देवी की प्रतिमाएँ प्रतिहार काल की अनुमानित की गई हैं। महोबा के चंदेल प्रतिहारों की शक्ति क्षीण होने पर प्रभुत्व में आए राजा हर्षदेव चंदेल के समय से चंदेलों की शक्ति का उत्कर्ष हुआ। हरिद्वार क्षेत्र भी कला-स्थापत्य की दृष्टि से चंदेलों द्वारा प्रभावित हुआ। गुरुकुल संग्रहालय में सप्तमातृ का पट तथा ब्रह्मा की खंडित मूर्ति हरिद्वार माया क्षेत्र में मिली है।

चंदेलों का काल दसवीं-ग्यारहवीं शताब्दी है। माया मंदिर को भी पुरातत्त्ववेत्ता कनिंघम ने दसवीं-ग्यारहवीं शताब्दी में पत्थरों द्वारा निर्मित बताया है। मुसलिम आक्रांताओं द्वारा इस मंदिर को भी ध्वस्त कर दिया गया होगा। ब्रह्मा की खंडित मूर्ति के उपलब्ध होने का एक कारण यह भी है। कनिंघम को इस मंदिर में देवी की जिस प्रतिमा के दर्शन हुए, वह तीन मुख, चार भुजा तथा एक पुरुष को मारने की मुद्रा में बनी थी। यह पुरुष पौराणिक कथाओं का महिषासुर भी हो सकता है। मूर्ति के तीन हाथों में चक्र, त्रिशूल तथा मुंड का होना भी इस तथ्य की पुष्टि करता है। तीन मुख वेदत्रयी अथवा पृथ्वी, अंतरिक्ष तथा द्युलोक के प्रतीक हैं। चार भुजाएँ चार वेद तथा धर्म, अर्थ, काम और मोक्ष नामक चार पुरुषार्थों की प्रतीक हैं। पुरुष काल है और वह देवी कालजयी भद्रकाली है।

□

हरिद्वार में सिंधु सभ्यता के भी प्रमाण

सहारनपुर क्षेत्र के अभी तक सर्वेक्षण की तालिका में नसीरपुर, बहादराबाद, अंबुखेड़ी एवं बड़गाँव अपना विशिष्ट स्थान रखते हैं। सभी इलाके इस तीर्थनगरी को सिंधु सभ्यता से सीधे जोड़ते हैं। आइए, जानते हैं इन कस्बों से मिले महत्त्वपूर्ण पुरातात्त्विक दस्तावेजों के बारे में।

नसीरपुर—यह कस्बा (29.45' उत्तरी अक्षांश एवं 77.51' पूर्वी देशांतर) परगना मंगलौर, तहसील रुड़की में मंगलौर से लगभग 6 किलोमीटर दक्षिण में गंग नहर के दाएँ किनारे लगभग 500 मीटर दूर स्थित है। नसीरपुर के प्राचीन टीले का सर्वेक्षण प्रोफेसर बी.बी. लाल (भूतपूर्व महानिदेशक भारतीय पुरातत्त्व सर्वेक्षण विभाग) ने किया तथा लगभग 1.10 मीटर का मानव बसाव-जमाव स्तर पाया। इस संस्कृति के अवशेषों का उल्लेख 'इंडियन आर्केलॉजी—ए रिव्यू' में किया गया है।

यहाँ से प्राप्त मृद्भांडों के अवशेषों को तिथि निर्धारण के दृष्टिकोण से आर्केलॉजी रिसर्च लेबोरेटरी ऑक्सफोर्ड को थर्मोल्यूमिनिसेंट डेटिंग के लिए भेजा गया। प्राप्त तिथि क्रम 1500 ई. पूर्व से 1180 ईसा पूर्व तक है। अगर इसका औसत निकाला जाए तो 1340 ईसा पूर्व आता है। इससे स्पष्ट है कि नसीरपुर में ईसा पूर्व 1400 वर्षों में मानव बसाव रहा था। प्राप्त मृद्भांडों में मोटे एवं सफाई से बनाए हुए पात्र प्राप्त होते हैं। लंबाई लिये हुए बाहर की ओर फैलते हुए घट तथा बिना किसी आकार के सीधे किनारेवाले प्याले प्राप्त हुए हैं।

बहादराबाद—बहादराबाद (29.56' उत्तरी अक्षांश एवं 78.03' पूर्वी देशांतर) ज्वालापुर परगना में हरिद्वार-रुड़की मार्ग पर हरिद्वार से 13 किलोमीटर पश्चिम की ओर स्थित है। सन् 1952-53 में भारतीय पुरातत्त्व सर्वेक्षण विभाग के पुराविद् वाई.डी. शर्मा द्वारा यहाँ से प्राप्त कापर होर्ड (Cooper Hoard) का निरीक्षण तथा उत्खनन कार्य किया गया। फलस्वरूप इस संस्कृति के अवशेष प्राप्त हुए। प्राप्त अवशेषों में मुख्यतः मृद्भांड ही थे। इस संस्कृति के अवशेष वर्तमान धरातल में बहुत से 5.6 मीटर की गहराई से प्राप्त हुए हैं। यहाँ से प्राप्त विभिन्न मृद्भांडों के आकारों में बहुत से आकार सिंधु घाटी सभ्यता के मृद्भांडों से समानता रखते हैं।

अंबखेड़ी—अंबखेड़ी का प्राचीन स्थल रुड़की नगर से उत्तर-पश्चिमी की ओर (29.44 ' उत्तरी अक्षांश एवं 77.57' पूर्वी देशांतर) स्थित है। ग्राम के पास दो प्राचीन स्थानों पर मानवीय बसाव क्रम के अवशेष मिले हैं। अंबखेड़ी का प्राचीन तल लगभग समतल ही है। यहाँ पर 5 मीटर वर्गाकार खाइयाँ लगाई गईं और लगभग 2.25 मीटर की गहराई तक खुदाई की गई। यहाँ 2.10 मीटर पर मानवीय बसाव के चिह्न उपलब्ध हुए। इस जमाव स्तर में गेरूए रंग के मृद्भांड संस्कृति एवं सिंधु संस्कृति के मिले-जुले अवशेष प्राप्त हुए हैं। दोनों के अवशेषों के अनुपात में इतना कम अंतर है कि किसी एक संस्कृति से उसे जोड़ना असंगत होगा। मृद्भांड के अतिरिक्त कुछ पुरावशेष जो मिट्टी द्वारा निर्मित हैं, प्राप्त हुए हैं। जैसे पक्की मिट्टी द्वारा निर्मित केक (Terracota Cake) मिट्टी द्वारा बना हुआ वृषभ (Terracota Humped Bull) प्रमुख हैं। इसके अतिरिक्त कार्ड (Chord) एवं अनसाइज्ड (Incised) प्रकार के चित्रण भी उपलब्ध हुए हैं।

बड़गाँव—बड़गाँव का प्राचीन टीला सहारनपुर नगर के उत्तर में 24 किलोमीटर दूर (30.06' उत्तरी अक्षांश एवं 77.32' पूर्वी देशांतर) तहसील रुड़की में यमुना की सहायक नदी मस्करा के तट पर स्थित है। वर्ष 1963-64 में भारतीय पुरातत्त्व सर्वेक्षण विभाग के पुराविद् श्री मधुकर नरहरि देशपांडे द्वारा यहाँ उत्खनन कार्य किया गया। यहाँ से 1.50 मी. की गहराई से मानव

बसाव स्तर का जमाव मिला, जिसमें गेरुए रंग के मृदभांडवाली संस्कृति एवं सिंधु सभ्यता के मिले-जुले अवशेष प्राप्त हुए। यह प्रमाणित करता है कि इस संस्कृति के लोग यहाँ अवश्य निवास करते थे।

ताम्रकालीन संस्कृति के भी मिले हैं सबूत

इन कस्बों के मृद्भांडों के अलावा यहाँ ताम्रनिधि उपकरण संस्कृति (मुख्यतः गंगाघाटी की देन, जिसके अन्य क्षेत्र मध्य प्रदेश, राजस्थान, उड़ीसा और बिहार) के अवशेष भी मिले हैं। बहादराबाद से 1952 में जलविद्युत् तापगृह के लिए अपर गंगा नहर की खुदाई के समय प्राप्त इन उपकरणों में 6 छोटे-बड़े चपटे कुल्हाड़े (Flat Calt) तथा नीचे से गोल एक कुल्हाड़ा (Shouldered Calt), एक कड़ेदार तलवार तथा 11 चूड़ियाँ प्राप्त हुई हैं। नसीरपुर में 1955 में एक किसान को खेत में पानी के लिए नाली बनाते वक्त इस प्रकार के उपकरण मिले, जिनमें एक हारपून (Harpoon) है। बड़गाँव से 2 ताँबे की चूड़ियाँ (Cooper rings) मिली हैं। सारांश रूप में पूर्व सिंधु सभ्यता के लोगों का इस क्षेत्र में पदार्पण ईसा पूर्व दो हजार वर्ष में हो गया था।

नागराजों के समय भी था यह तीर्थ

कहा जाता है, महाकाव्य काल में युधिष्ठिर परीक्षित को राज्यभार सौंपकर हस्तिनापुर से देववन, कनखल तथा हरिद्वार होते हुए हिमालय पर चले गए। परीक्षित के बाद उनका पुत्र जनमेजय कुरु प्रदेश का राजा बना। उसके पश्चात् क्रमशः शतानीक, अश्वमेधज, असीमकृष्ण और उसका पुत्र निचक्ष (नेमिचक्र) सिंहासन पर बैठे। उसके राज्यकाल में हस्तिनापुर गंगा में बह गया। कुरुवंशी राजा इस घटना के बाद कौशांबी में जा बसे। अब कुरु प्रदेश पर नागों ने पूर्ण अधिकार कर लिया। हरिद्वार नाग राजाओं के अधिकार क्षेत्र में आ गया। यह घटना नौवीं-दसवीं शताब्दी ईसा पूर्व की है। गौतम बुद्ध के समय कोशल राज्य का विस्तार काशी से लेकर हिमालय तक था। भगवान् बुद्ध ने हस्तिनापुर की यात्रा की थी। हरिद्वार कुरुजन का ही अंग था। रैप्सन

के अनुसार कुरू महाजनपद शिवालिक की पहाड़ियों तक फैला हुआ था। उसके उत्तर में हिमालय, पूरब में उत्तर पांचाल एवं दक्षिण पांचाल स्थित थे।

चाणक्य और चंद्रमागुप्त भी आए थे हरिद्वार

320 ई. पूर्व स्रुघ्न जनपद पूर्व गंगा तथा उत्तर में पर्वतमाला तक विस्तीर्ण था। बेहट (सहारनपुर का नगर) से शाकुंभरी तथा शाकुंभरी से मायापुरी (हरिद्वार) तक यात्री आते-जाते थे। हिमालय के पर्वतीय नगरों से संपर्क और व्यापार के लिए यही समुचित मार्ग था। महावंश टीका के अनुसार चाणक्य और चंद्रमागुप्त मायापुरी तक आए थे। उन्होंने हिमवत कूट जाकर पर्वतक के साथ संधि की थी तथा नंद को पराजित किया था।

बौद्ध ग्रंथों में तीर्थ नगरी के तमाम उल्लेख

बौद्ध एवं जैन धर्म से संबंधित साहित्यिक ग्रंथों से भी उत्तराखंड की यात्राओं पर प्रकाश पड़ता है। बौद्ध साहित्य के अंतर्गत जातकों में उल्लेख मिलता है कि अनेक जन्मों में बोधिसत्त्व और प्रत्यक्ष बुद्ध आदि ने हिमवंत जाकर तपस्या की और बुद्ध गंगा की उपत्यका होते हुए गंधमादन पर्वत पहुँचे। बौद्धग्रंथ विनय पिटक से विदित होता है कि गौतम बुद्ध के जीवनकाल में गंगा के तट पर धार्मिक मेलों और पर्वों का आयोजन होता था।

एक अन्य ग्रंथ, 'महावंश' में उल्लेख मिलता है कि मौर्य सम्राट् अशोक महान् के शासन काल में 252 ई. पूर्व में आयोजित तृतीय बौद्धसंगीति के अनुसार धर्म प्रचार के लिए अनेक धर्म प्रचारक उत्तराखंड होते हुए तिब्बत और चीन की ओर गए।

बौद्ध भिक्षुओं का गढ़ रहा हरिद्वार

बौद्ध ग्रंथ चुल्ल वग्ग तथा महाबंस से विदित होता है कि द्वितीय बौद्ध संगीति (वैशाली की बौद्ध सभा) के समय स्थविर संभूति सारावासी नामक बौद्ध भिक्षु दस हजार भिक्षुओं के साथ अहोगंग (हरिद्वार) पधारे तथा अशोक कालीन बौद्ध विद्वान् मोग्गलिपुत्रतिसस ने भी सात वर्षों तक यहाँ निवास

किया। इस काल में बौद्ध हरिद्वार को अहोगंग प्रदेश कहते थे, क्योंकि गंगा पर्वतों से निकलकर यहाँ समतल में आती है, अत: इसे 'अहोगंग' कहा जाता था। इस प्रकार विक्रम पूर्व पाँचवीं शती से विक्रम की आरंभिक शताब्दियों तक बौद्ध भिक्षु तथा धर्मोपदेशक हिमालय में पहुँचते रहे।

321 ई. पूर्व धनानंद को मारकर चंद्रमागुप्त ने मौर्य साम्राज्य की स्थापना की। हरिद्वार क्षेत्र भी इसी साम्राज्य के अंतर्गत था। हरिद्वार के समीपस्थ जनपद देहरादून में यमुना पर अवस्थित कालसी में अशोक का शिलालेख मिलता है। इसका पता फारेस्ट द्वारा 1880 ई. में लगाया गया था। हरिद्वार, मायापुर और बेहट उस समय के प्रसिद्ध नगर थे। बौद्ध धर्मावलंबियों का आवागमन इन क्षेत्रों में होता रहता था।

जैनियों से भी जुड़ी रही यह तीर्थ नगरी

कनिंघम को नारायण शिला के मंदिर में बुद्ध की शिष्यों सहित छोटी प्रतिमा मिली थी। वर्तमान श्रवणनाथ मंदिर के बाहर भी उसे ऐसी प्रतिमा मिली थी, जिसमें बुद्ध को बोधिवृक्ष के नीचे ज्ञानमुद्रा में स्थित प्रदर्शित किया गया है। उस मूर्ति में दो खड़े व्यक्ति तथा दो उड़ते पक्षी भी कनिंघम ने देखे थे। मूर्ति के दोनों ओर दो सिंह तथा आधार पृष्ठ पर एक चक्र भी निर्मित था। कनिघंम मूर्ति की नग्नता को देखकर उसके तीर्थंकर ऋषभ होने का अनुमान करते हैं। यही स्थिति राहुलजी ने बदरीनाथ मूर्ति की भी मानी है। जैन विद्वान् इस मूर्ति को अपने ढंग से देखते हैं, पर शंकराचार्य ने इसे विष्णु मूर्ति मानकर ही देवालय में प्रतिष्ठित किया। तपस्यारत नारायण की मूर्ति होने से वह कदाचित् नग्न दिखाई गई है। केवल नग्नता से ही पक्का अनुमान लगाना कठिन है। अजमेरीपुर उत्खनन से मौर्य कालीन संस्कृति के साक्ष्य इस क्षेत्र में मिलने की पुष्टि भी डॉ. एस.के. श्रीवास्तव ने की है। उधर कैप्टन कोटले को बेहट में खुदाई के मध्य बुद्ध प्रतिमा तथा इंडो सिथियन काल के सिक्के भी मिले हैं। ईसा से 184 वर्ष पूर्व सेनानी पुष्यमित्र ने मौर्य साम्राज्य का अंत कर शुंग साम्राज्य की स्थापना की। उसके समय बौद्ध–ब्राह्मण संघर्ष चरम

पर था। उसने वैदिक संस्कृति, पौराणिक साहित्य और धर्म का उद्धार किया। पतंजलि को आचार्य बनाकर उसने अश्वमेध भी किया। भारत पर होते यूनानी आक्रमणों का भी उसने सामना किया है।

भर्तृहरि ने हर की पैड़ी पर की थी साधना

शुंग राजा अग्नि मित्र के समकालीन कवि कालीदास ने 'मेघदूत' में कनखल नगर का उल्लेख किया है। डॉ. राजबली पांडेय ने कालिदास को ईसा पूर्व प्रथम शताब्दी के उत्तरार्ध में उज्जयिनी नरेश विक्रमादित्य का दरबारी माना है। विक्रम संवत् के प्रर्वतक यही विक्रमादित्य हैं। इन्हीं के बड़े भाई भर्तृहरि ने हरिपद तीर्थ में साधना की थी। ब्रह्मकुंड का पुनरुद्धार इन्हीं विक्रम ने करवाया। उत्तर भारत के प्राचीन तीर्थ स्थानों के पुनरुद्धारक के रूप में उनका यश जनश्रुतियों में समाया हुआ है। भर्तृहरि के कारण हरिपद को 'हर की पैड़ी' कहने का भी चलन लोग मानते हैं।

गुप्तकाल में भी मिलता है मायापुरी का जिक्र

शुंग कण्व काल के बाद कुषाणों का राज्य उत्तर भारत में स्थापित हुआ। पाँचवीं शताब्दी के प्रथम दशक में कुणिंद और यौधेय गणराज्यों का अंत हो गया। चंद्रमागुप्त द्वितीय ने इन समस्त क्षेत्रों को गुप्तराज्य में समाविष्ट कर लिया। स्कंदगुप्त के समय तक यह क्षेत्र गुप्तराज्य में समाविष्ट कर लिया। स्कंदगुप्त के समय तक यह क्षेत्र गुप्त साम्राज्य का अंग था। इसी समय गुप्त सम्राटों के सामंत मंगलसेन गुप्त ने मंगलौर बसाया तथा एक किले का निर्माण भी कराया। एच.आर. नेविल ने सहारनपुर गजेटियर में इसका उल्लेख किया है।

गुप्तकालीन मठों के भी मिलते हैं अवशेष

मायापुर के विकास का उल्लेख भी नेविल ने गुप्तकाल में माना है। मत्स्य पुराण का संस्कार इसी काल में हुआ। वर्तमान ललताराव की ललिता जहाँ गंगा की धारा से मिलती थी, वहाँ ललिता तीर्थ था और संतान-प्राप्ति या संतान के कल्याणार्थ इस तीर्थ पर गौरी की कुमारी रूप में पूजा होती

थी। कनिंघम के अनुसार नारायण बलि मंदिर 9.5" की वर्गाकार मोटी ईंटों द्वारा बनाया गया है, जो गुप्त कालीन मठों के अनुरूप है। मंदसौर अभिलेख में सुमेरू तथा कैलास को गुप्त साम्राज्य की चौहद्दी के एक भाग के रूप में उल्लिखित किया गया है। मंगलौर के सामंत मंगलसेन के आश्रयदाता स्कंदगुप्त की प्रशंसा भितरी में उपलब्ध शिलालेख में है, जहाँ उसकी तुलना देवकी पुत्र कृष्ण से की गई है।

हतरिपुरिव कृष्णो देवमेषोऽभ्युपेतः।

हूणों के लगातार हमलों से गुप्त साम्राज्य छिन्न-भिन्न हो गया। स्कंदगुप्त की मृत्यु के बाद मौखरी राजवंश की शक्ति बढ़ी और थानेश्वर में राजा प्रभाकर वर्धन ने राज्य की स्थापना की। कन्नौज के मौखरियों के समानांतर यह नई शक्ति का उदय था। हर्ष इस राज्य का प्रतापी राजा था। हिमालय से बंगाल और नर्मदा तक उसके राज्य का विस्तार था। उत्तरापथ का वह एकच्छत्र सम्राट् था। उसके राज्यकाल में चीनी यात्री युवानच्वांग अथवा ह्वेनसांग 629 ई. में भारत यात्रा पर आया था। वाटर्स ने 'ट्रैवल्स ऑफ ह्वेनसांग' में लिखा है कि ह्वेनसांग बेहट तथा मायापुर होता हुआ कन्नौज गया था। कनिंघम ने 'एन्शियंट ज्यॉग्राफी ऑफ इंडिया' में ह्वेनसांग के मायापुर-विवरण को उद्धृत किया है। हर्ष काल में गढ़वाल तथा कुमाऊँ मंडल को ब्रह्मपुत्र, काशीपुर, रामपुर तथा पीलीभीत क्षेत्र को गोविसन और पूर्वी रुहेलखंड को अहिच्छत्र कहा जाता था। ये सभी क्षेत्र हर्ष के साम्राज्य में थे। हर्ष मूलतः शैव था। वह अपने अभिलेखों में स्वयं को 'परममाहेश्वर' कहता है।

हर्षवर्धन भी जुड़ा रहा हरिद्वार से

पुरातत्त्व वेत्ता तथा सागर विश्वविद्यालय के इतिहास विभागाध्यक्ष डॉ. कृष्णदत्त वाजपेयी ने फर्रूखाबाद में हर्ष की एक स्वर्ण मुद्रा प्राप्त की, जिस पर नंदी पर आसीन शिव तथा पार्वती के चित्र उत्कीर्ण हैं। हरिद्वार के प्रति भी उसके आकर्षण का कारण शैव होना ही है। बाद में ह्वेनसांग के प्रभाव में आकर वह बौद्ध धर्म की ओर आकृष्ट हुआ। वर्तमान बिजनौर (मतिपुर)

उसका मित्र राज्य था। मायापुर तथा बेहट स्रुघ्न जनपद के प्रमुख स्थान थे। स्रुघ्न में पाँच बौद्ध मठ तथा सौ देव मंदिर थे। सम्राट् हर्षवर्धन के साम्राज्य की उत्तरी सीमा ब्रह्मपुत्र तक फैली हुई थी। ब्रह्मपुत्र के निकट ब्रह्मपुर नगर का आँखों देखा हाल ह्वेनसांग ने लिखा है। यह नगर 660 मील लंबा-चौड़ा था। उसके उत्तर में सुवर्णभूमि क्षेत्र था, जो मानसरोवर के निकट था। विद्वानों ने ब्रह्मपुत्र की पहचान बाड़ाहाट (उत्तरकाशी) के रूप में की है। कनिंघम ने इसी क्षेत्र को वैरापट्टन कहा है। (भारतीय संस्कृति और कला—डा0 वाचस्पति गैरोला, पृष्ठ 656)

तीर्थ नगरी के दर्शन से ह्वेनसांग भी हुआ अभिभूत

इतिहासवेत्ता डॉ. श्रीवास्तव लिखते हैं कि चीनीयात्री मंडावर के उत्तर-पश्चिम में गंगा (भद्रा) के पूर्वी किनारे मोयुलो, मयरा अथवा मयूर नगर पहुँचता है। कनिंघम मोयुलो की पहचान हरिपद तीर्थ और कनखल के मध्य क्षेत्र के रूप में करते हैं। ह्वेनसांग लिखता है कि मायापुर घनी आबादी का नगर है, जिसकी परिधि चीनी नाप की यूनिट 20 ली. अर्थात् साढ़े तीन मील है। यह घनी जनसंख्यावाला है। मायापुर नगर से थोड़ी दूर नदी पर एक बड़ा मंदिर है, जिसे गंगाद्वार कहा जाता है, इसके पास एक कुंड है, जिसमें पवित्र नदी भद्रा गंगा का जल आता है, यही ब्रह्मकुंड है।

गंगास्नान की चर्चा करते हुए वह लिखता है कि गंगा का जल पवित्र और निर्मल है। वह समस्त पापों को धोने वाला है। हजारों की संख्या में यहाँ हिंदू धार्मिक अनुष्ठान एवं पूजा कार्य करते हैं। मुक्ति तथा परलोक में सुख पाने की इच्छा से लोग गंगा में नहाते हैं। मृत्यु पश्चात् संस्कारों के बारे में भी उसने अपने वृत्तांत में लिखा है कि हिंदू अपने परिवार जन की मृत्यु के पश्चात् उसे जलाकर उसकी अस्थियों तथा राख को गंगाजल में प्रवाहित करते हैं, ऐसा करने से मृतात्मा की सद्गति होती है। मरणोपरांत उसे स्वर्ग मिलता है।

फाहियान भी आया था हरिद्वार में

महाभारत कालीन इस प्रथा का निर्वाह ह्वेनसांग के समय भी हो रहा था। चीनी-यात्रियों को उत्तराखंड की ओर आकृष्ट करने में बौद्ध धर्म का बड़ा योगदान है। चौथी-पाँचवीं सदी में चीनीयात्री फाहियान भी भारत भ्रमण के दौरान उत्तराखंड आया था। जैन साहित्य में भी गंगा-उद्गम स्थान का उल्लेख है।

हर्ष की मृत्यु के उपरांत बंगाल में पाल, कन्नौज में गुर्जर प्रतिहार, महोबा में चंदेल, दिल्ली में तोमर एवं चहुआन राजवंशों का प्रादुर्भाव हुआ। पाल वंश के संस्थापक प्रथम नरेश धर्मपाल थे। वह प्रतापी राजा थे। उन्होंने केदारनाथ तक के प्रदेश जीत लिये थे। सम्राट् हर्ष के राजकवि बाणभट्ट ने हिमालय यात्रा का प्रकारांतर से वर्णन किया है। इतिहासकार धर्मपाल को इसलिए बौद्ध मानते हैं कि उसने विक्रमशिला का बौद्ध विहार तथा सोमपुर विहार की स्थापना की। यदि वह केवल बौद्धधर्म के प्रचार के लिए निकलता तो उसे नर-नारायण पर्वत पर स्थित बदरीनाथ की ओर जाना चाहिए था, जो बौद्ध यात्रियों का प्रमुख मार्ग था; पर वह शैवमत में पूर्ण आस्था रखता था, उसने बोध-गया में चतुर्मुख शिव की प्रतिमा की प्रतिष्ठा में सहमति दी थी। इसलिए वह उत्तराखंड के परम शिव धाम केदारनाथ तक गया। धर्मपाल का पुत्र देवपाल 815 ई. में गद्दी पर बैठा। उसके मुंगेर अभिलेख में उल्लेख है कि राजा धर्मपाल और उनके सैनिकों ने कीर (काँगड़ा), केदार (गढ़वाल का केदारनाथ तीर्थ) तथा गोकर्ण में स्नान-दान किया। मूल अभिलेख का पाठ इस प्रकार है—

केदारे विधिनोपयुक्तमन सा गङ्गासमेताम्बुधौ।
गोकर्णादिषु चाप्यनुष्ठितवस्तीर्थेषु धर्म्याः क्रियाः॥

पृथ्वीराज रासो में भी है हरिद्वार का उल्लेख

चंदेल राजा परमार्दिदेव या परमाल के दरबारी कवि जगनिक द्वारा रचित लोक काव्य आल्हा तथा पृथ्वीराज चौहान के दरबारी कवि चंद्रबरदाई

ने पृथ्वीराज रासो के शशि व्रता विवाह प्रस्ताव में इस क्षेत्र का नाम हरिद्वार लिखा है, पर रासो के शोधकार संपादक डॉ. बी.पी. शर्मा द्वारा संपादित पृथ्वीराज के लघु संस्करण में हरिद्वार शब्द का प्रयोग हुआ है।

हरिद्वार जाई बिल्वक सुहर सेवजननि संग्रहकरय

चंडी पर्वत के नीचे दक्षिण काली मंदिर किंवदंतियों के अनुसार परमार काल के वीर योद्धाओं आल्हा-ऊदल के गुरु अमरा की तपस्या स्थली कहा जाता है, इस क्षेत्र में उस काल का एक किला भी था। तंत्र साधना का यह प्रमुख केंद्र था।

मुहम्मद गौरी (1260 ई. मृत्यु) की मृत्यु के बाद कुतुबुद्दीन ऐबक शासक बना और फिर अल्तमश। अल्तमश ने गंगापार मंडावर (बिजनौर जनपद) तक राज्य का विस्तार किया। 1253 ई. में सुल्तान नसीरूद्दीन दोआब के विद्रोह को दबाता हुआ 1254 ई. में मायापुर (हरिद्वार) होता हुआ गंगा पार कर बदायूँ पहुँचा। अजमेरीपुर उत्खनन से प्राप्त वस्तुओं में सल्तनत काल का सिक्का मिला है। मुहम्मद तुगलक का कोई साक्ष्य हरिद्वार में नहीं मिलता। फिरोजशाह तुगलक देहरादून शिकार खेलने गया था। वह हरिद्वार नहीं आया। वह मोहंड़ के पहाड़ी मार्ग से देहरादून के जंगलों में पहुँचा।

तैमूर ने किया था व्यापक नरसंहार

तुगलकी शासन काल की भयंकर घटना है खुरासान के अमीर जफर तैमूर का आक्रमण। सन् 1398 में दिल्ली को ध्वस्त कर वह मेरठ गया और वहाँ से गंगा के किनारे-किनारे हरिद्वार आया। वहाँ हिंदुओं और मुसलमानों से घमासान युद्ध हुआ। इसके बाद उसने शिवालिक की पहाड़ियों पर चढ़ाई की। वहाँ के राजा की हार हुई और विजयी सेना के हाथ लूट का बहुत सा सामान लगा। तैमूर ने चंडीघाट से नीचे पाँच मील दूरी पर पड़ाव डाला। यहाँ पहुँचकर उसने दूनघाटी के सरदार बहरूज को पराजित किया। हरिद्वार और मायापुर में एक दिन ठहरा, जहाँ उसने भारी नरसंहार किया।

आत्मकथा में तीर्थ के माहात्म्य का भी हवाला

तैमूर ने अपनी आत्मकथा 'मूलफूजात ए तैमूर' में गंगा घाटी को कुटिला घाटी लिखा है। अमीर सुलेमान के साथ 'दरीए कुटिला' में इकट्ठे हजारों पुरुषों, स्त्रियों, बच्चों को कत्ल कर उसने रक्त रंजित भूमि को गंगा के पानी से धोया और नमाज पढ़ी। तैमूर के इतिहासकार शर्फुद्दीन ने इस भूमि को 'कुपिला' कहा है। चंडी के नीचे विशाल गंगाघाट ही कुपिला या कपिल स्थान है, पर कनिंघम 'कओपिल' को 'कोहपैरी' समझकर हरकी पैड़ी (कोह अर्थात् पहाड़ की तलहटी में बना कुंड) मानते हैं। शर्फुद्दीन को इस स्थान पर विष्णु के चरण-चिह्न भी दिखाई दिए। उसने गंगाद्वार की महत्ता तथा भस्म आदि का गंगाधारा में विसर्जन, श्राद्ध-तर्पण आदि का उल्लेख भी किया है। जो ह्वेनसांग और अटबी के वर्णनों के अनुरूप है। कपिलातीर्थ बाद में गऊघाट के रूप में विकसित हुआ। संस्कृत में कपिला गोवाचक शब्द है, यहाँ गोदान का विशेष महत्त्व है। गोहत्या का प्रायश्चित्त भी यहीं होता है।

इस काल के जैन साहित्य में भी गंगा में मृतात्माओं की अस्थियों को गंगा में प्रवाहित कर देने की प्रथा का उल्लेख है। हेमचंद्रमा सूरि ने सन् 1123 में मेड़ता और छत्रपल्ली में रहकर भवभावना (उपदेशमाला) और उसकी स्वोपज्ञ वृत्ति की रचना की। भवभावना ग्रंथ की बारह भावनाएँ 12 दिन भावनाओं का वर्णन है। एक स्थान पर कहा गया है कि समाज में मृतक की हड्डियों को गंगा में सिराने का रिवाज था। कोई राजा का मंत्री अपनी पत्नी से बहुत स्नेह करता था। पत्नी के मर जाने पर वह हड्डियों का चयन कर उसकी पूजा करने लगा और फिर एक दिन काशी जाकर उसने उन अस्थियों को गंगा में सिरा दिया।

मुगल बादशाह अकबर भी मुरीद रहा हरिद्वार का

मुगल बादशाह अकबर के शासनकाल में हरिद्वार एक परगना था। रुड़की का भी यही नाम था जो आज है। ज्वालापुर को 'भोगपुर' कहा जाता

था, इसका मुख्यालय हरिद्वार था। यहाँ पर गंगा किनारे ईंटों का एक किला था, जो सरीर नामक राजपूतों के अधिकार में था, जो 54428 बीघे खेती पर 2338120 दाम मालगुजारी देते थे। सौ घोड़े और एक हजार पैदल प्रदान करते थे। मंगलौर भी एक कस्बा था, जिसमें ईंटों का किला था और ब्राह्मण तथा बड़ गूजरों के अधिकार में था। भगवानपुर बीदर लोगों के अधिकार में तथा मलहिपुर हरोड़ा अफगान, त्यागी और ब्राह्मणों के अधिकार में था।

आईने अकबरी में भी हरिद्वार का महिमा गान

अबुल फजल द्वारा लिखित 'आईने अकबरी' के अनुसार हरिद्वार जनपद का क्षेत्रमहल भोगपुर था। कनिंघम भोगपुर की पहचान ज्वालापुर के रूप में करते हैं। संप्रति सुलतानपुर के उत्तर-पूर्व में भोगपुर नामक गाँव भी है, जहाँ ईंटों की एक गढ़ी बनी है। परगनाधिकारी सराहनपुर के सरकार के सूबेदार के अधीन था। हरिद्वार में ताँबे के सिक्कों को ढालने की टकसाल भी थी।

हरिद्वार से गंगाजल भी मँगवाता था सम्राट् अकबर

अकबर अपने दैनिक उपयोग के लिए हरिद्वार से गंगाजल मँगवाता था। हरिद्वार से सील बंद घड़ों में ऊँटों द्वारा प्रतिदिन गंगाजल बादशाह के विश्वस्त व्यक्ति की देखरेख में भेजा जाता था। अकबर के दरबारी आमेर के राजा मानसिंह ने ब्रह्मकुंड पर छतरी बनवाई थी तथा कुंड का जीर्णोद्धार कराया था। यह छतरी अष्टकोणीय थी, उसने हिंदुओं पर लगे जजिया कर को समाप्त कराया। गुरु अमरदासजी के शिष्य जेठा से प्रभावित होकर अकबर ने हरिद्वार से जजिया उठा लिया।

अकबर ने गुरु अमरदासजी को अपने यहाँ आमंत्रित किया। अत्यंत वृद्ध होने के कारण गुरुजी स्वयं तो नहीं गए, पर अपने शिष्य जेठा को वहाँ भेज दिया। जेठा ने कुछ दिन दिल्ली रहकर अकबर की जिज्ञासाओं का पूर्ण समाधान कर दिया। अकबर ने प्रसन्न होकर जेठा द्वारा गुरु अमरदासजी को संदेश भिजवाया कि वह हरिद्वार की यात्रा कर वहाँ धर्म का प्रचार करें।

गुरु अमरदासजी ने जेठा का नाम रामदास रखा और गुरुगद्दी प्रदान की। गुरु अमरदासजी की साधना-स्थली कनखल में गंगा किनारे गुरुद्वारा तीसरी बादशाही के नाम से आज भी धर्मयात्रियों की आस्था का केंद्र बनी हुई है।

जहाँगीर भी आया था इस तीर्थ नगरी में

अकबर की मृत्यु के बाद जहाँगीर 1621 ई. में पर्यटन के उद्देश्य से हरिद्वार आया। वह यहाँ की जलवायु को अपने अनुकूल न पाकर कश्मीर चला गया। उसने इस यात्रा का उल्लेख अपनी आत्मकथा 'वाकियात ए जहाँगीर' में किया है। जहाँगीर के शासनकाल में नूरजहाँ भी इस ओर आई थी तथा मुजफ्फरनगर के उत्तर में नूपुर नामक जगह पर ठहरी थी। नेविल ने इसकी चर्चा की है। इलियट और डाउसन भी इसका उल्लेख करते हैं।

तमाम अंग्रेज लेखक भी तीर्थ नगरी के प्रशंसक

जहाँगीर के शासनकाल में अंग्रेज यात्री टाम केरियाट ने 1608 ई. में हरिद्वार के कुंभ मेले में भाग लिया था। उस समय इस मेले में स्नान के लिए लगभग चालीस हजार हिंदू इकट्ठा हुए थे। केरियाट हरिद्वार को कैपिटल ऑफ शिव (शिव की राजधानी) के नाम से पुकारता है।

सन् 1739 में नादिरशाह के आक्रमण के बाद गूजर राजा लंढोरा ने इस क्षेत्र में अपना प्रभुत्व कायम किया। 1754 में हरिद्वार के गंगा पर रुहेला सरदार नजबखाँ ने सेना संगठित की और नजीबाबाद का किला बसाया। यदुनाथ सरकार के 'फाल ऑफ द मुगल एंपायर' भाग 2 के अनुसार, मुजफ्फरनगर के शुकताल किले का भी निर्माण कराया। अहमदशाह अब्दाली की उसने युद्ध में सहायता की थी, अत: उसके लौटने के बाद दिल्ली से दो आब क्षेत्र तक उसने कब्जा कर लिया। 1757 ई. में हरिद्वार होता हुआ, वह टिहरी पहुँचा और राजा प्रताप शाह से देहरादून झड़प लिया। नेविल ने इसका उल्लेख किया है।

मराठाओं की भी प्रिय नगरी रही हरिद्वार

सन् 1754 में परीक्षितगढ़ के राजा राव जीत सिंह गुर्जर ने ज्वालापुर के मुसलिम राजपूत राजाओं के खिलाफ अभियान चलाकर गूजरों को बढ़ावा दिया। रूहेला सरदार नजीबउद्दौला के विरुद्ध मराठा सेना गोविंद पंडित के नेतृत्व में गंगापार करने के लिए हरिद्वार पहुँची, पर हरिद्वार के एक डाकू सरदार ने मराठों को गंगापार नहीं होने दिया।

इतिहासविद् श्री सूर्यकांत श्रीवास्तव लिखते हैं कि सन् 1773 में सिखों ने आक्रमण कर गंगा के किनारे उतरकर बिजनौर तक अपना आधिपत्य कर लिया था, पर शीघ्र ही नजीबउद्दौला के पुत्र जबीता खान ने स्वयं को स्वतंत्र घोषित कर दिया। इधर 1771 में मराठा सेनाओं ने हरिद्वार गंगा पार कर जबीता खान को संधि के लिए विवश कर दिया। 1783 ई में बघेल सिंह के नेतृत्व में सिखों ने आक्रमण कर गंगा तक अपने राज्य का विस्तार कर लिया। इस बार सिख सेनाएँ देहरादून से हरिद्वार होकर आगे बढ़ी थीं। दिल्ली के शाहआलम के साथ मराठों ने पत्थरगढ़ का किला लूट लिया, जबीता खान ने सिक्खों से संधि (1776) करते समय सिक्ख धर्म स्वीकार कर धर्म सिंह नाम रख लिया, पर सिखों से विश्वासघात कर उसने नजबखाँ से समझौता कर लिया। इस पर सहारनपुर की जागीर उसे वापस मिल गई।

सन् 1783 में सिखों ने उस पर आक्रमण कर हरिद्वार और देहरादून को रौंद दिया। जबीता खाँ पराजित होकर गौंसगढ़ के किले में मृत्युपर्यंत छिपा रहा। जबीता खाँ की मौत के बाद उसके पुत्र गुलाम कादिर खान ने 1785 में पुन: हरिद्वार-देहरादून पर अधिकार कर लिया, उसके बाद इस क्षेत्र पर सहारनपुर के मराठा शासक धनीबहादुर का अधिकार हो गया। सन् 1790 में जगाधरी के राजा राय सिंह तथा भूरिया के शेर सिंह ने मिलकर आक्रमण किया तथा मंगलौर और ज्वालापुर पर अधिकार कर लिया। सन् 1791 में मराठा सरदार भैरापंत ताँतिया ने सिक्खों से इस क्षेत्र को पुन: छीन लिया। 1800 में लंढौरा रियासत में यह क्षेत्र आ गया तथा 1803 में सिंधिया की हार के बाद ईस्ट कंपनी ने इसे हस्तगत कर लिया।

कुंभ की भव्यता देख अंग्रेज हैरान

सन् 1796 में अंग्रेज यात्री हार्डविक ने हरिद्वार को पहाड़ की तलहटी में बसे एक छोटे नगर के रूप में वर्णित किया है। उसके अनुसार तब कुंभ पर्व था और स्नान के लिए आए तीर्थयात्रियों की संख्या करीब 20–25 लाख थी। टामस हार्डविक के साथ उसका साथी डॉ. हंटर भी था। उसके अनुसार संन्यासी संख्या में सबसे अधिक थे, वैरागी वैष्णवों की संख्या उनसे कम थी। गोसाईं संन्यासी स्वयं कर वसूलते, किसी अन्य को शत्र–अत्र लेकर नहीं चलने देते थे। अपने झंडे गाड़ने के बाद वे क्षेत्र के नियामक स्वयं बन जाते। इनकी निरंकुशता के विरुद्ध 10 अप्रैल, 1796 को सिख घुड़सवारों के साथ पटियाला के राजा साहेब सिंह तथा बूड़िया के रामसिंह और शेर सिंह ने भालों और बंदूकों से लैस होकर स्नान के लिए कूच किया। संघर्ष में गोसाईं पराजित हुए और उनका वर्चस्व सदा के लिए समाप्त हो गया।

पिंडारी लोगों से इस क्षेत्र को मुक्त कराने के लिए 1805 में कंपनी ने लढ़ौरा के राजा रामदयाल तथा मरहल के मोहम्मद खान को हरिद्वार की रक्षा का भार सौंप दिया।

1857 से पूर्व हरिद्वार में भी हुआ स्वतंत्रता संग्राम

1824 में कंपनी सरकार के खिलाफ व्यापक उपद्रव हुए। इसके लिए कलुआ तथा बिजा सिंह दो गूजर आगे आए। कलुआ गूजर कुमाऊँ तथा गढ़वाल के रास्ते में अशांति बनाए हुए था। बिजा सिंह कुंजा में एक ताल्लुकेदार और लंढ़ौरा के राजा रामदयाल का संबंधी था। अंग्रेजों के विरुद्ध उसने कुंजा में एक सशस्त्र सैनिक दल संगठित कर लिया। कुंजा के बिजा सिंह के साथ रांघड़ तथा मेरठ और मुरादाबाद तक के गूजर शामिल थे। कलुआ पहले देहरादून और फिर ज्वालापुर के पास करतारपुर से अपनी कंपनी विरोधी गतिविधियाँ संचालित कर रहा था। उसने करतारपुर पुलिस चौकी को लूटा और ज्वालापुर तहसील से आनेवाले खजाने को लूट लिया। कंपनी शासन ने इस पर कड़ा रुख अपनाया। 1824 में कलुआ तथा कुछ

समय बाद बिज्जा सिंह अपने 152 साथियों के साथ युद्ध में बंदी बना लिए गए। उसके दो साथी भूरा और क्वार बच निकले, जो 1825 तक बराबर अंग्रेजों को परेशान करते रहे।

इतिहासवेत्ता डॉ. कृष्ण कुमार शर्मा का कहना है कि कलुआ और बिज्जा सिंह का विरोध सहारनपुर जनपद तक ही सीमित नहीं था। वह एक नियोजित योजना थी। दूसरे जनपदों से भी विद्रोहियों की सहायता के लिए सैनिक आ रहे थे। परंतु दोनों नेताओं की अचानक मृत्यु के समाचार ने विद्रोहियों को शांत कर दिया। इसके पश्चात् 1857 तक जनपद में कोई उल्लेखनीय घटना नहीं घटी। इस प्रकार 1857 के स्वतंत्रता संग्राम से पहले यह एक और स्वतंत्रता संग्राम था, जो हरिद्वार क्षेत्र में लड़ा गया। आजादी के बाद भी इतिहासकार इन घटनाओं का ब्योरा लेने कुंजा बहादुरपुर गाँव आते रहे।

सन् 1808 में एक अंग्रेज पर्यटक फेलिक्स विंसेट रेपर हरिद्वार आया। उसके अनुसार हरिद्वार 15 फीट चौड़ी और 330 गज लंबी सड़क के दोनों ओर बसा था। उसके अनुसार हरिद्वार में हलवाइयों की दुकानें अधिक थीं। स्नान पर होनेवाले नागा बैरागी संघर्ष का रक्तरंजित दृश्य भी उसने देखा था। 1819 में हर की पैड़ी के सँकरे मार्ग के कारण घटित दुर्घटना को ध्यान में रखते हुए अंग्रेज सरकार के आदेश पर कैप्टन डी. बड़ ने 39 सीढ़ियोंवाला 34X89 फीट चौड़ाईवाला घाट हर की पैड़ी पर बनवाया। 1825, 1830 तथा 1835 में सरधना की प्रसिद्ध बेगम समरू दलबल सहित हरिद्वार आई थीं।

कंपनी सरकार के शासनकाल में हरिद्वार क्षेत्र में भयंकर सूखा पड़ा। सिंचाई की आवश्यकता हुई और इसके लिए मेजर काटले ने हरिद्वार-रुड़की गंग नहर की योजना प्रस्तुत की। 1842 में हरिद्वार कनखल के मध्य गणेश घाट के नीचे कार्य प्रारंभ हुआ। 5 वर्षों तक लंबित रहने के बाद 1847 में पुनः कार्य प्रारंभ हुआ तथा 8 अप्रैल, 1854 में अपर गंग नहर का निर्माण कार्य पूरा हो गया। भारत के तत्कालीन गवर्नर जनरल लार्ड डलहौजी ने प्रथम गंगनहर का उद्घाटन किया।

कुंभ में अरब व काबुल के भी व्यापारी

सन् 1830 की हरिद्वार यात्रा के दौरान कैप्टन थामस स्किनर ने यहाँ उमड़ी भीड़ का उल्लेख किया है। यहाँ के मेले में तब काबुल, काठियावाड़, फारस, अरब तथा नेपाल से व्यापारी सामान लाकर बेचा करते थे। विशेष रूप से घोड़े, मोती, कीमती पत्थर, गलीचे, नक्काशीदार हुक्के, मसाले तथा कस्तूरी आदि की बिक्री होती थी। ईस्ट इंडिया कंपनी अपने लिए घोड़े खरीदती थी। दास भी बेचे जाते थे। सरधना की बेगम समरू रणनीतिकार भी। जब उसे जबीता खाँ के बड़े बेटे गुलाम कादिर के दिल्ली पहुँचने की सूचना मिली तो बेगम समरू ने लाल किले के पास पहुँचकर सैनिक छावनी बना दी थी। 7 अक्तूबर, 1757 को शाहदरा की ओर से गुलाम कादिर ने जब सलीम गढ़ लालकिला की ओर गोले छोड़े, तो उनका उत्तर बेगम की फौज ने उत्साहपूर्वक दिया। फलतः गुलाम कादिर अपने लक्ष्य में सफल नहीं हो सका। बेगम समरू का प्रभाव लंबे समय तक हरिद्वार पर रहा।

हरिद्वार में भी हुआ स्वदेशी आंदोलन

सन् 1905 में स्वदेशी आंदोलन शुरू हुआ। हरिद्वार के आर्य समाजी भाइयों ने विदेशी वस्तुओं के बहिष्कार का संकल्प लिया। 1908 में तिलक को गिरफ्तार किया गया। उनके पक्ष में स्वामी श्रद्धानंद ने अपने साप्ताहिक पत्र 'सद्धर्म प्रचारक' में लेख लिखे। गांधीजी 5 अप्रैल, 1915 की शाम हरिद्वार पहुँचे। 1915 की 6 अप्रैल को वे स्वामी श्रद्धानंद से मिले। स्वामीजी ने उन्हें मानपत्र देते हुए 'महात्मा' कहकर संबोधित किया और उसके बाद से गांधीजी को 'महात्मा' कहा जाने लगा। 1919 में गांधीजी ने खिलाफत आंदोलन को अपना समर्थन दिया। स्वामी श्रद्धानंद ने इसका स्वागत किया और वे भी इस 'धर्मयुद्ध' में शामिल हो गए।

सन् 1930-34 में सविनय अवज्ञा आंदोलन शुरू हुआ। हरिद्वार के हीरा वल्लभ त्रिपाठी की अध्यक्षता में मजदूरों का जलसा शहीदगंज में हुआ। 12 मार्च, 1930 की गांधी डांडी यात्रा में हरिद्वार से देव शर्मा (आचार्य अभयदेव)

गांधीजी से मिलने गए। हरिद्वार की श्रीमती चंद्रमावती एम.ए., श्रीमती नंदा देवी तथा विद्यावती ने स्त्रियों में जागृति का काम किया। 1930 में गुरुकुल उत्सव पर सत्याग्रही जत्थे का श्रीगणेश गुरुकुल के स्नातकों ने किया, जिनमें देव शर्मा, इंद्रविद्यावाचस्पति, भीमसेन, जयदेव, दीनदयाल, रामेश्वर, गुरुदत्त, पूर्णचंद्र, वासुदेव, विश्वनाथ, सत्यदेव तथा धर्मवीर प्रमुख थे।

स्वतंत्रता आंदोलन में हरिद्वार भी रहा अग्रणी

4 मई, 1930 को हर की पैड़ी पर साधु–महंतों ने अपने कीमती विदेशी वस्त्र आग के हवाले कर दिए। श्रीमती चतरो देवी एम.ए. के विदेशी कपड़ों की होली जलाई। नमक की पुड़िया बेचकर प्रतीक रूप में नमक कानून तोड़ा। कनखल के बेनी प्रसाद जिज्ञासु तथा गुरुकुल के दीनदयालु एवं ज्वालापुर के सरदार बलवंत ने शराब की दुकानों पर धरना दिया। 1940 के आसपास गांधीजी ने व्यक्तिगत सत्याग्रह आंदोलन शुरू किया। इस आंदोलन के पहले सिपाही विनोबा भावे थे। हरिद्वार के सत्याग्रही करतार सिंह और देवराज थे।

14 अगस्त, 1942 को ऋषिकुल के छात्र जगदीश प्रसाद वत्स को झंडा फहराते हुए गोली मार दी गई। लाहौर में सांडर्स को मारने के बाद सरदार भगत सिंह 1928 में गुरुकुल काँगड़ी के आचार्य अभयदेव से मिले। 1942 से 1947 तक हरिद्वार पंचपुरी से 115 के लगभग स्वतंत्रता सेनानियों ने संग्राम में भाग लिया।

□

कुंभ की व्यापकता

भारतीय परंपरा में 'कुंभ' समेत अधिकांश महत्त्वपूर्ण पर्वों का आरंभ सनातन काल से माना जाता है। हमारे वेद अनादि एवं अनंत हैं, अत: भारतवर्ष के सभी प्रमुख पर्व भी सृष्टि के आदि से ही आरंभ माने जाते हैं। चूँकि यहाँ बात कुंभ पर्व की है, अत: यहाँ कुंभ पर्व से संबंधित विषयों पर ही चर्चा की जा रही है।

कुंभ शब्द की व्यापकता समझने की जरूरत

कुंभ शब्द का उल्लेख जहाँ वेद, पुराण व अन्य आदिग्रंथों में मिलता है, वहीं हमारा सभी वैदिक साहित्य, संहिता ग्रंथ, ब्राह्मण ग्रंथ, आरण्यक, उपनिषद्, स्मृति ग्रंथ, धर्मशात्र, अर्थशात्र, रामायण, महाभारत, शिक्षादिषड्वेदांग, सांख्यादिषड्दर्शन्, पाणिनीय व्याकरण, पतंजलि के महाभाष्य, महाकवि कालिदास का महाकाव्य व संस्कृत वाङ्मय में भी कुंभ शब्द का उल्लेख यत्र-तत्र मिलता है। यहाँ तक कि धर्मशात्र, निर्णयसिंधु, धर्मसिंधु, और तो और समस्त ज्योतिष शास्त्र के गणित सिद्धांत फलित (जातक) तथा संहिता गंथ में भी कुंभ शब्द का जिक्र है, पर दुर्भाग्य यह है कि इस शब्द की इतनी व्यापकता के बावजूद इस पर उतनी व्यापकता से अध्ययन नहीं हो पाया है। इस पर समग्र शोध की महत्ती जरूरत है।

कुंभ का उल्लेख हमारे कोष ग्रंथों में भी आता है—

अमरकोश के अनुसार—

कुम्भो घटेभमूर्धांशो

कुंभ शब्द घड़ा, हाथी या गंडस्थल एवं राशि मंडल का ग्यारहवाँ भाग, इन तीन अर्थों में प्रयुक्त होता है।

विश्वकोष में भी कहा गया है—

कुम्भः स्यात् कुम्भकारस्य सुते वेश्यपतौ घटे।
राशिभेदे द्विपाङ्गे च कुम्भं त्रिवृति गुग्गुले॥"

संस्कृत साहित्य में प्रसंगानुसार कुंभ के यही अर्थ सर्वत्र हैं। तथापि कालांतर में समुद्रमंथनजन्य अमृत कुंभ से संबंध होने के कारण 'कुंभ' शब्द एक विशेष अर्थ 'कुंभ पर्व' के रूप में प्रयुक्त होने लगा और कुंभ शब्द की व्युत्पत्ति निम्नलिखित प्रकार से की जाने लगी—

कुं पृथ्वीं उम्भयति पूरयति मङ्गलेन ज्ञानामृतेन वा।

अर्थात् जो समय पृथ्वी को मंगल या ज्ञान से पूर्ण कर दे, वह कुंभ है।

कुं कुत्सितं उम्भति।

अर्थात् जो संसार के अनिष्ट और पापों को नष्ट कर दे, वह कुंभ है।

कुं पृथ्वीं उभ्यते अनुगृह्यते आच्छाद्यते आनन्देन पुण्येन वा।

अर्थात् जिसके द्वारा पृथ्वी को आनंद या पुण्य से ढक दिया जाए, वह कुंभ है।

कु पृथ्वीं उभ्यते लध्वीक्रियते पापप्रक्षालनेन येन।

अर्थात् पृथ्वी पर स्थित पापों को धोकर, जो उसे हल्का बना दे, उसे कुंभ कहते हैं।

कुं पृथ्वी भागयति दीपयति।

अर्थात् जो पृथ्वी को सुशोभित कर दे, उसको दीप्त कर दे; उसके तेज को बढ़ा दे, उसे कुंभ कहते हैं।

कु सुखं ब्रह्म तद् उम्भति प्रयच्छतीति कुम्भः।

अर्थात् सुख स्वरूप परब्रह्म परमात्मा के अनुभव को प्रदान करनेवाले समागम का नाम कुंभ है।

संपूर्ण संस्कृत साहित्य में यदि कहीं भी कुंभ शब्द का प्रयोग आया है तो

आधुनिक लेखक उसे सीधे 'कुंभ पर्व' से जोड़ लेते हैं।

ऋग्वेद में मिलता है कुंभ का महिमा गान

ऋग्वेद में दो-तीन स्थलों पर कुंभ शब्द का प्रयोग है। यथा—

युवं नरा स्तुवते पज्रियाय कक्षीवते अरदत पुरन्धिम्।
कारोतराच्छफादश्वस्य वृष्णः शतं कुम्भाँ असिञ्चतं सुरायाः।

(ऋग्वेद 1/116/7)

इस मंत्र का अर्थ सायन भाष्य के अनुसार इस प्रकार है—"ऋषि कहता है कि हे अश्विनी कुमारो! आप दोनों ने स्तुति करते हुए कक्षीवत ऋषि के मन में विशेष बुद्धि को प्रकाशित किया है, जिसके फलस्वरूप मेघरूपी वीर्यवान घोड़े के खुररूपी कृप (बादल) से अमृतरूपी जल के सौ घोड़ों को भाग्यवान जनों के निमित्त सींचा है।"

ऋग्वेद के एक अन्य मंत्र में भी कुंभ शब्द का प्रयोग है, यथा—

जघान वृत्रं स्वधितिर्वनेव रोजरुपुरो अरदन्न सिन्धून्।
विभेद गिरिं नवभिन्न कुम्भ मा गा इन्द्रौ अकृणुत स्वयुग्भिः।

(ऋग्वेद 10/89/7)

इस मंत्र का अर्थ है—हे देवराज इंद्र! नए बादल को नहीं अपितु अमृत के समान जल भरे कुंभ को फोड़कर उसमें स्वयं युक्त होते हुए वायुओं के द्वारा अमृत के समान जल समूह को हमारी पृथ्वी की ओर करो; अर्थात् बरसाओ।

ऋग्वेद के इन मंत्रों में इंद्र का अर्थ 'सूर्य' है तथा वृत्रासुर ही 'मेघ' (बादल) है, जल ही अमृत तथा कुंभ का अर्थ है 'अंतरिक्ष'। इन लाक्षणिक अर्थों को जाने बिना कुंभ का अर्थ 'कुंभ पर्व' करना समीचीन नहीं है।

ऋग्वेद के एक मंत्र का संबंध अगस्त्य एवं वसिष्ठ के जन्म से है—

सत्रे ह जाता विषिता नमोभिः कुम्भे रेतः सिषिचतु समानम्।
ततो ह मान उदियाय मध्तात् ततो ज्ञातमृषिमाहुर्वसिष्ठम्॥

(ऋग्वेद 7:33:13)

इस मंत्र का भाष्य करते हुए आचार्य सायण ने लिखा है कि उस कुंभ

मध्य से शमी प्रमाण 'अगस्त्य' उत्पन्न हुए, पुनः उसी कुंभ से वशिष्ठ ऋषि भी पैदा हुए।

यजुर्वेद के एक मंत्र में भी कुंभ शब्द का उल्लेख प्राप्त है।

कुम्भो वनिष्दृर्जनिता शचीभिर्यस्मिन्नग्रे योन्यां गर्भो अन्तः।
प्लाशिर्व्यक्तः शतधार उत्सो दुहे न कुम्भी स्वधां पितृभ्यः॥

(यजुर्वेद 19/87)

इस मंत्र का अर्थ है—"जल से पूर्ण कुंभ ही सत्कर्म के द्वारा सुख उत्पन्न करता है। सर्वप्रथम जिस-जिस कुंभ के गर्भ के मध्य में अमृत तुल्य जल है तथा सैकड़ों स्रोतों से कुंभ व्यक्त हुआ है, वह अमृत के समान; जल से पूर्ण कुंभ पितरों के लिए अन्नादि को पूर्ण करता है।" यहाँ जल जिसे अमृत भी कहा जाता है; यहीं 'आत्मा' है। कारण, आत्मा ही अमृत है और कुंभ ही शरीर आदि पिंड है, जिसके द्वारा सत्कर्म करके व्यक्ति सुख प्राप्त करता है तथा श्राद्धादि के द्वारा पित्तरों को तृप्त करता है।

सामवेद में कुंभ की जगह कलश शब्द मिलता है—

सामवेद में भी कुंभ शब्द का तो नहीं किंतु कुंभ के पर्यायवाची शब्द का प्रयोग कलश शब्द के रूप में वर्णित है, यथा—

आविशन्कलशं सुतो विश्वा अर्षन्नभि श्रियः इन्दुरिन्द्राय धीयते।

(सामवेद 1.6.1.1.3)

अर्थात् चूता हुआ (स्रवित) अथवा निचोड़ा हुआ सोम कलश में प्रवेश कर संपूर्ण संपत्तियों की वर्षा करता हुआ इंद्र के निमित्त स्थापित किया जाता है। डॉ. गिरिजा शंकर शात्री लिखते हैं कि यह संसार अग्नि सोमात्मक है। अग्निसोमात्मकं जगत्। अग्नि सूर्य एवं सोम चंद्रमा प्रधान हैं। सूर्य पुरुष तथा चंद्रमा स्त्री है। यही सोम सूर्य के द्वारा निचोड़ा जाकर पिंड रूपी कलश (पृथ्वी) में प्रवेश कर संपूर्ण संपत्ति, अन्न, औषधि, वनस्पति आदि की वर्षा करता हुआ पुनः इंद्र अर्थात् सूर्य के निमित्त स्थापित होता है। ज्ञातव्य है कि सूर्य अपनी किरणों के द्वारा पृथ्वी के जल अवशोषित कर पुनः वर्षा करता है।

अथर्ववेद में भी कुंभ शब्द का उल्लेख है, जो इस प्रकार है—

चतुरः कुम्भाँश्चतुर्धा ददामि क्षीरेण पूर्णा उदकेन दध्ना।
एतास्त्वा धारा उप यन्तु सर्वा स्वर्गे लोके मधुमत् पिन्वमाना
उप त्वा तिष्ठन्तु पुष्करिणी समन्ताः।

(अथर्ववेद 4/34/7)

अर्थात् क्षीरादि (दुग्धादि) द्रव्यों से पूर्ण चार कुंभों को चार प्रकार के रूप से मधु युक्त होकर सींचते हुए स्वर्गलोक से तुम्हारे पास पहुँचे। कुछ लेखकों ने क्षीरादि द्रव्यों का दूध, घी, दही तथा अमृत अर्थ करते हुए एक-एक कुंभ में एक-एक द्रव्य सहित चार स्थानों में लगनेवाले कुंभ स्थानों में एक द्रव्यपूर्ण कलश किया है।

अथर्ववेद में अन्यत्र भी कुंभ शब्द का प्रयोग आया है। यथा—

पूर्ण कुम्भोऽधि काल आहितस्ं वै पश्यामो बहुधा नु सन्तः।
स इमा विश्वा भुवनानि प्रत्यकालं तमाहु परमे व्योमन्॥

(अथर्ववेद 19/53/3)

अर्थात् "संसार का कारणभूत 'सूर्य' काल द्वारा कुंभ के समान पूर्णतया व्याप्त है। हम साधु पुरुष उस कालात्मा को अनेक प्रकार से देखते हुए उसे आकाश के समान निर्लेप बताते हैं।" यहाँ भी कुंभ शब्द का अर्थ सीधे कुंभ पर्व नहीं है।

□

बड़ा व्यापक है कुंभ नाम

कुंभ व्युत्पत्ति एवं अर्थ

शब्दकोश में 'कुंभ' के अनेक अर्थ बताए गए हैं, जैसे—कुंभ (प.सं.) मिट्टी का घड़ा, कलश, हाथी के सिर का कुछ उभरा हुआ भाग, जो उसके सिर के दोनों ओर होता है। एक राशि, अनाज का एक मान, एक पावन पर्व, जो हर बारहवें वर्ष पर पड़ता है। इससे स्पष्ट है कि सामान्यता कुंभ का अर्थ घड़े अथवा कलश से है। परंतु ज्योतिष विद्या में इसका तात्पर्य एक 'राशि' विशेष से भी है। पुराणों-शात्रों एवं वैदिक मंत्रों में भी यत्र-तत्र 'कुंभ' की चर्चा मिलती है।

कुः पृथ्वी भावयन्ति सङ्केतयन्ति भविष्यत्कल्याण दि।

भारतीय चिंतन-परंपरा में 'कुंभ' शब्द का प्रयोग अति प्राचीन ग्रंथ यजुर्वेद में 19-8-7 स्थानों पर प्रयुक्त हुआ है। इसी प्रकार वायु पुराण 2-15-47 व नारदीय पुराण 2-65-100 में पवित्र स्नान के प्रसंग में 'कुंभ' शब्द का प्रयोग मिलता है। क्षीर सागर मंथन की कथा में अमृत-कुंभ का उल्लेख आया है। जयंत द्वारा अमृत कुंभ को ले जाते समय कुछ बूँदें नीचे छलक गईं। ये स्थान हैं—हरिद्वार, प्रयाग, उज्जयिनी तथा नासिक। ये स्थल स्नान के लिए पवित्र माने गए हैं। इसी प्रकार गरुड़ अपनी माता विनिता को मुक्त कराने हेतु अमृत-कुंभ लाए, जो इंद्र द्वारा पुनः स्वर्ग ले जाया गया, उसमें से भी बूँदें छलकने का उल्लेख है।

कुंभ एक प्रतीक

हमारे धर्मप्राण देश भारत के जन-जीवन में कुंभ (कलश) का विशिष्ट

स्थान रहा है। सुसज्जित कुंभ (कलश), कला और संस्कृति का प्रतिनिधित्व ही नहीं करता, बल्कि वह संपूर्ण सृष्टि तथा पूर्ण व्यक्तित्व का प्रतीक भी माना गया है। यही नहीं, कलश को ब्रह्मा, विष्णु और महेश का साक्षात् रूप माना है। सात द्वीपों, सात सागरों और चार वेदों को इसी कुंभ (कलश) के विभिन्न अंगों में समाया हुआ माना गया है—

कलशस्य मुखे विष्णुः कण्ठे रुद्र समाश्रितः
मूले त्वस्य स्थितो ब्रह्मा मध्ये मातृगणाः स्मृताः॥
कुक्षौ तु सागराः सर्वे सप्तद्वीपा वसुन्धरा।
ऋग्वेदोऽथ यजुर्वेदः सामवेदोऽथर्वण।
अंङ्गैश्च सहिताः सर्वे कलशं तु समाश्रिताः॥

कुंभ अर्थात् कलश की पूजा सर्वप्रथम करने का विधान सनातन धर्म के आस्थावान भारतीयों में सवैत्र पाया जाता है। '**पीयूष धारणार्थाय निर्मितो विश्वकर्मणाः**' के अनुसार इसका निर्माण सागर-मंथन से निकले पीयूष (अमृत) को रखने के लिए किया गया था।

वेदों में कुंभ का उल्लेख करते हुए डॉ. बिंदुजी महाराज सनातन धर्म 'विज्ञान' पत्रिका (कुंभ मेला विशेषांक) मार्च 2010 के पृष्ठ 13 पर स्पष्ट करते हैं कि "यद्यपि विश्व के सर्वाधिक प्राचीन लिखित साहित्य वेदों में 'कुंभ' शब्द का बार-बार उल्लेख आया है, किंतु उनका अर्थ कुंभपर्वों से सीधा-सीधा न होकर लाक्षणिक अर्थों में घटित अवश्य होता है।"

अर्थभेद से इसका एक गूढ़ार्थ यह भी होता है कि "अमृत से पूर्ण कुंभ पर्व बारह वर्ष रूपी समुचित काल में स्थापित किया हुआ है। संत-जन दस विविध कालों में अनेक रूपों में (कभी हरिद्वार कभी प्रयागादि में) होते हुए देखते हैं। वह पर्वकाल इन संपूर्ण भुवनों को प्रत्यक्ष फल प्रदान करता है। उस काल को 'परमव्योम' में स्थित कहते हैं।

अथवा 'हे संतों! पूर्ण कुंभ बारह वर्ष बाद आता है। कुंभ उस काल को कहते हैं, जो ग्रहराशि आदि के योग से होता है।'

उपमा-अलंकारों के निहितार्थ खोजे जाने की जरूरत

हालाँकि ये अर्थ लाक्षणिक हैं, किंतु यदि कुंभ पर्वों के काल को देखते हैं तो कुंभ पर्व मनाने में सूर्य की महत्त्वपूर्ण भूमिका है; क्योंकि सूर्य ने ही अमृत कुंभ को फूटने से बचाया था, और यह बात सर्वविदित है। हमारे धर्मग्रंथों में किसी संस्कृति–पर्व या परंपराओं को अलंकारों से संपुटित करके प्रस्तुत करने की परंपरा रही है; इतना ही नहीं, शब्द–चमत्कार प्रकट करने हेतु अथवा गोपनीयता बनाए रखने हेतु, कहीं–कहीं प्रहेलिका जैसी भाषाओं का प्रयोग भी प्रचुरता से हमें प्राप्त होता है।

यदि मंत्र को हम गूढ़ार्थ में देखें तो कुंभ पर्वों के आयोजन में इंद्र की भूमिका और कुंभ (कलश) की भूमिका तथा जल की भूमिका अपना महत्त्वपूर्ण स्थान रखते हैं, क्योंकि समुद्र–मंथन के पश्चात् इंद्र के इशारे पर ही 'जयंत' अमृत कलश लेकर वायु मार्ग से भागते हैं और वायु के वेग से ही; 'अमृत' कलश छलककर विभिन्न सरिताओं अर्थात् अपार जल–राशियों के सन्निकट गिरता है और अपार जलराशि 'समुद्र' से ही अमृत कलश निकला है। यह हमें नहीं भूलना चाहिए और फिर समस्त कुंभ पर्वों का आयोजन भी अमृत के समान जल वाहिनी नदियों के तट पर ही होता है। अतः 'ऋग्वेद' के उक्त मंत्र में उल्लेखित कुंभ का गूढ़ार्थ कुंभ पर्व से ही है, क्योंकि एक घड़े पानी से घड़ा फोड़कर पृथ्वी को नहीं सींचा जा सकता है।

संकेत कुंभ पर्व की ओर ही

इस मंत्र के अर्थ में कुंभ पर्वों की प्राचीनता और अधिक स्पष्ट हो जाती है, क्योंकि स्पष्ट किया गया है कि जल से पूर्ण कुंभ ही सत्कर्म के द्वारा सुख उत्पन्न करता है और पूर्व में ही कह चुके हैं कि सत्कर्मों की प्रेरणा देने तथा धर्मकर्मादि के द्वारा सुख की प्राप्ति या मोक्ष की प्राप्ति के लिए कुंभ पर्वों के आयोजन की भूमिका रही है। अतः यजुर्वेद का यह मंत्र स्पष्टतः कुंभ पर्वों की ओर इंगित करता है। साथ ही मंत्र में कहा गया है कि जिस कुंभ के गर्भ के मध्य में अमृत तुल्य जल है तथा सैकड़ों स्रोतों से कुंभ व्यक्त हुआ है।

स्पष्ट करता है कि कुंभ मेलों के गर्भ अर्थात् मध्य में जल की ही महत्त्वपूर्ण भूमिका है और सैकड़ों स्रोतों (मार्गों) के द्वारा ही साधु-संत तथा सद्गृहस्थ जन एकत्र होकर कुंभ पर्व को व्यक्त (प्रकट) करते हैं। यहाँ मंत्र में पितरों के लिए अन्नादि को जल के द्वारा पूर्ण करना भी कहा गया है; इससे यह सर्वविदित है कि कुंभ पर्वों में स्नान के पश्चात् दान, धर्म तथा अर्पण-तर्पण, श्राद्ध आदि कर्म सद्गृहस्थों के द्वारा किए ही जाते हैं, अतः यह सिद्ध है कि उक्त मंत्र का अर्थ कुंभ महापर्वों को ही इंगित करता है, क्योंकि प्रत्येक मंत्र में जल ही प्रमुख रूप से उल्लेखित किया गया है और कुंभ पर्व का संबंध भी जल ही से प्रमुखतापूर्वक है।

यजुर्वेद के एक मंत्र में जल की महत्ता को दर्शाते हुए कहा गया है—

अप्स्वंतरमृतमप्सु भेषजमामुत प्रशस्तिप्वश भवत वाजिनः।
देवीरापोयो व ऊर्मि प्रतूर्ति ककुन्मान्वाजसास्तेनायं वाजसेत्।

(यजुर्वेद 9/6)

अर्थात् "जलों में अमृत है और जलों में ही आरोग्य तथा पृष्टिदायिनी औषधियाँ हैं। हे अश्वो! इस प्रकार से अमृत और औषधि रूपी जलों में वेगवान होकर जलों के प्रशस्त मार्गों में प्रविष्ट होओ।

कुंभपर्वों में जल को ही अमृत का स्वरूप पर्वकाल में माना जाता है और यह अवधारणा है कि कुंभ पर्व काल में भक्तिभावपूर्वक स्नान करने से मानव के समस्त दैहिक, दैविक और भौतिक कष्टों का निवारण हो जाता है।

इस प्रकार से हम देखते हैं कि वेदों में 'कुंभ' शब्द का कई बार उल्लेख आया है, भले ही वह सांकेतिक रूप में ही क्यों न हो; किंतु कुंभ, महापर्वों की पुष्टि करने में वेद अपनी भूमिका अवश्य निभाते हैं।

□

कुंभ एक विराट् लोक-दर्शन

दार्शनिक अर्थों में 'अमृत' कोई पेय पदार्थ नहीं, यह अलौकिक आनंद की आंतरिक अनुभूति है, जो देखकर, सुनकर या फिर अंदर से एहसास कर प्राप्त होती है। जिस प्रकार आनंद या परमानंद को मात्र अनुभव किया जा सकता है, ठीक उसी प्रकार अमृत का अनुभव भी ज्ञानेंद्रियाँ ही करती हैं। 'कुंभ' में हमें ज्ञानेंद्रियों से अर्जित इसी अमरत्व यानी एक अलौकिक अनुभूति की प्राप्ति होती है। यही दिव्य अनुभूति हमें वैरागी, विदेही बना देती है। अंदर का सारा कलुष मिटाकर हमें संत सुलभ निश्छल बना देती है।

"हमारी सभा और संगोष्ठियाँ समत्व पर अधारित हों।" तभी हम इस अमृतत्त्व (कुंभत्व) को प्राप्त कर सकेंगे। यह महासंदेश है कुंभ का। कुंभ (घड़े) में नाना नदियों-निर्झरों का पानी जैसे एक रूप हो जाता है, ऐसे ही हमारा चिंतनशील मानव समुदाय, एकता के सूत्र में बँधे। आत्मा में परमात्मा का विलय करें। समाज अपनी विषमता छोड़कर इस राष्ट्ररूपी कुंभ में एक रूप हो जाए, तभी इन जीवनोत्सवों की सार्थकता है।

जो विष पी सके, वही सच्चा समाजरक्षक

अमृत की कल्पना करते ही 'शिव' स्मरण हो आते हैं। कारण, समुद्र-मंथन से निकले विष को पीने के लिए शिव ही आगे आए थे। उन्होंने ही सागर-मंथन से निकले हलाहल को धारण किया था। इस तरह देवताओं को अमृत पाने का मार्ग प्रशस्त हुआ था। जाहिर है, मान-अपमान, राग-विराग, उद्भव, स्थिति और संहार की क्षमतावाला ही हलाहल पान करके सृष्टि की रक्षा कर सकता है।

अमृत-मंथन आज भी उतना ही प्रासंगिक

अमृत-मंथन का यही सारतत्त्व है। आज के संदर्भ में यह अमृत-मंथन उतना ही सार्थक है, जितना देवासुर संग्राम के समय था। यदि आज सत्-असत् (समाज में रहनेवाले लोगों की दोनों प्रवृत्तियाँ) अमृत प्राप्ति की कामना (मिल बैठकर विचार करके समाज हित में कार्य करने की भावना) से काम करें तो एक बार फिर परम सत्ता कच्छप रूप में अपनी पीठ पर मंदराचल धारण को (इस कठिन कार्य को संपन्न करने के लिए) प्रस्तुत हो सकती है।

वैदिक साहित्य में इस 'अमृत' को 'सोम' कहा गया है। यह सोम द्युलोक में रहता है। तैत्तिरीय उपनिषद् 2/1/3-10 के अनुसार 'तृतीयस्वामिनो दिवि सोम आसीत्' अर्थात् इस पृथ्वी लोक तीसरे द्युलोक में अमृतरूपी 'सोमतत्त्व' विद्यमान है। सोम देवताओं का परम अन्न है।

सारे अहंकार-आडंबर मिटा देता है यह महापर्व

अमृत में वैसे तो अनेक गुण व शक्तियाँ हैं, पर कुछ गुण सोम संबंधी मंत्रों में अनेक बार प्रदर्शित किए गए हैं। कुंभ स्नान से सोमरस जिस भी मनुष्य में पहुँचता है, उसके आवरण विनष्ट हो जाते हैं तथा कांति का दर्शन दिखाई देने लगता है। मनुष्य में सोम भर जाने से वह कभी पतित या क्षीण नहीं होता। वेदों में अमृत को 'हरि' नाम से भी संबोधित किया गया है। निरुक्त 4/44 के अनुसार, 'हरिः सोमो हरित वर्ण', अर्थात् हरित वर्ण के कारण सोम का एक नाम हरि भी है। हरि शब्द की 'हरणात् हरिः' व्युत्पत्ति संभव है, जिसका अर्थ है कि अमृतपान करने पर यह मनुष्य के सभी प्रकार के तापों को हर लेता है। विष्णु को भी हरि के नाम से पुकारा जाता है,। विष्णु 'हरि' एवं अमृत 'हरि' में भेद विद्वान् ही कर पाए हैं। दोनों का एक मंतव्य भी यद्यपि सिद्ध किया जा सकता है, जिसे विष्णु 'हरि' मिल जाए, उसका जीवन स्वतः ही अमृत से भर जाता है। रसों की वर्षा करनेवाला हरित वर्ण (अमृत) महान् हैं। यह सूर्य से सम्यक् प्रकार से रोचमान होता है। औषधियों व वनस्पतियों के हरित वर्ण

को वर्तमान विज्ञान भले क्लोरोफिल कहे, पर भारतीय ऋषि-मुनियों ने इसके जीवन-तत्त्व को पहले ही खोज लिया था।

शुभ मुहूर्तों में नदियाँ भी हो जाती हैं अमृतमयी

सोम अथवा अमृत का निवास द्युलोक में है। पृथ्वी पर यह प्रायः जलों और औषधियों में रूपांतरित होकर रहता है। कुंभ जैसे पर्वों पर वृष्टि साक्षात् होती है और इसे छिपाया नहीं जा सकता। शुभ मुहूर्त में अमृत नदियों पर बरसता है। अत: भारतीय परंपरा में अनेक प्रकार के स्नानों का माहात्म्य नदी तटों पर बताया गया है। सोम संबंधी सभी मंत्रों में भगवान् के शांत सौम्य रूप में दर्शन किए जाते हैं। ईश्वर के अनेक नामों में अमृत या सोम को भी ईश्वर का नाम बताया गया है। सोम या अमृत का संबंध स्नान से है।

स्नानों में परम स्नान है गंगाजल स्नान

कात्यायन स्नान सूत्र, स्नान दीपिका, स्नान सूत्र भाष्य, स्नान व्यास, दक्ष स्नान पद्धति, वायु, पद्म आदि पुराणों में स्नान के महत्त्व को अमृतमूलक तात्त्विक धारणाओं से जोड़ा गया है। इन सभी स्नान, विधान निर्देशक ग्रंथों में गंगाजल द्वारा किए प्रात:कालिक स्नान को सबसे प्रमुख कहा गया है। कूर्म एवं गरुड़ पुराण में भी वारुण स्नान आदि के अमृत फलदायी महत्त्व की विराट् व्याख्या प्रस्तुत की गई। वारुण स्नान, कपिल स्नान, ब्रह्म स्नान, भौम स्नान, आग्येन स्नान, वाष्पण्य स्नान, दिव्य स्नान, यौगिक स्नान तथा वृत स्नान में से प्रत्येक का महत्त्व अपार है। दिव्य स्नान के बारे में देवरहा बाबा का कहना है कि "धूप निकलते हुए, जब वर्षा हो रही हो, तब धरती पर पड़नेवाला जल अमृतमय होता है।" विष्णु पुराण में इस स्नान को पापनाशक और उद्धारक कहा गया है।

सृष्टि का एक चक्र एक 'कल्प' के बराबर

प्रत्येक कल्प में सृष्टि-चक्र की घटनाएँ एक समान होती हैं। आज हम

जो हैं, जहाँ हैं, पहले भी किसी कल्प में थे। आगे भी किसी कल्प में होंगे। अतः शास्त्रों में लिखा है कि प्रति कल्प में समुद्र-मंथन होता है। हर मंथन में विष और अमृत निकलते हैं। प्रत्येक बार विष पीकर शिव नीलकंठ बनते हैं, प्रत्येक कल्प में मानव जाति अमृत की तलाश में भटकती है। शंकर को विषपान कराकर देव और असुर तो अमृत की तलाश में समुद्र मथने चले जाते हैं, पर शिव को हलाहल की ऊष्णता शांत करने के लिए समाधिस्थ होना पड़ता है। शिव इसके लिए हजारों वर्षों तक प्रत्येक कल्प में बर्फीले प्रदेशों में समाधिस्थ होते हैं। यही वजह है कि हिमालय में अनेक नीलकंठ विद्यमान हैं। श्वेत वाराह कल्प में शिव ने मधुमति (मणिभद्रा) तथा पंकजा (चंद्रभद्रा) नदियों के तट पर एवं मणिकूट, विष्णुकूट तथा ब्रह्माकूट पर्वतों के मूल में तप कर हलाहल विष की ऊष्णता से उपजी जलन को शांत किया और यह स्थान 'नीलकंठ' नाम से प्रसिद्ध हो गया। नर-नारयण पर्वतों के उस पार हिमाच्छादित नीलकंठ किसी और कल्प की विष-अमृत गाथा कहता है।

मृत्यु भय से ऊपर उठना ही अमृत की प्राप्ति

मृत तथा अमृत विवेक भारतीय संस्कृति की अमरता का सबसे बड़ा प्रमाण है। सुर और असुर चाहे पुरातन युग के हों अथवा वर्तमान युग के, स्वर्ग की कामना सभी करते हैं। स्वर्ग-गमन की चाह ने वहाँ के सर्वोत्तम पदार्थ अमृत को इतना आकर्षक बना दिया कि स्वर्ग की कामना मानव जीते जी करने लगा। वास्तव में साधक, विष अथवा मृत्युभय से ऊपर उठकर और निर्भय होकर अक्षय आनंद की सर्जना करता है, जो अमृत-तत्त्व को जन्म देता है। वेदों ने अमृत को जब सोम कहा, तब उसे 'प्राण' की संज्ञा दी। मुक्ति, निर्वाण या निवर्तन ही अमृत है। शतपथ ने सोम के साथ हिरण्य अर्थात् सोने को भी अमृत कहा है। इस हिरण्य या सोम को स्थायी रूप से धारण करनेवाला हिरण्यगर्भ है। बृहस्पति और सूर्य बड़े कल्याणकारी ग्रह हैं।

साधकों को सहज ही होती है यह अमृत-प्राप्ति

बृहस्पति दिव्य जलों का स्वामी भी है। यह जल भौतिक नहीं अपितु ब्रह्मरंध्र में रहनेवाला जल है। हठयोगी साधना पद्धति में सहस्रार-चक्र को अमृत कुंभ बताया गया है। भारतीय ऋषि-मुनि योग बल से ब्रह्मरंध्र के जलीय द्रव में कुंभ स्नान किया करते थे। शैव संहिता, प्राणतोषिणी आदि तंत्र-ग्रंथों में मनुष्य के शरीर में ही समस्त तीर्थों का वास कहा गया है, जो ब्रह्मांड में है, वह चूँकि देह पिंड में है, अतः ज्ञानी-साधक मस्तिष्क के ज्ञान द्रव में स्नान करते हैं। मानव देह में उपस्थित षट्चक्र, यथा कुंडलिनी मूलाधार, स्वाधिष्ठान, मणिपूर, अनाहत, विशुद्ध और आज्ञा नामक छह चक्रों के वेधन से ब्रह्मरंध्र में प्रवेश कर ज्ञान द्रव या अमृत में स्नान करते हैं। षट्चक्रों का वेधन कर अमृत-तत्त्व पाने के लिए काम, क्रोध, मद, लाभ, मोह आदि पर विजय करनी पड़ती है। ऐसी ही मनुष्य देह निर्भय, निर्मात्सर्य, निर्मोह, निर्लोभ, निक्रोध एवं निष्काम से विभूषित हो जाती है। देहरूपी अमृत कुंभ को पूरित करने के लिए वेद के षडंगों और षड्दर्शनों के अध्ययन से अमृत पाना पड़ता है। षट्चक्र पार कर जब कुंडलिनी सहस्रार-चक्र या ब्रह्मारंध्र में पहुँच जाती है तो अमृत-प्राप्ति सहज हो जाती है। कुंभयात्रा गृहस्थ के लिए विरागी-विदेही हो जाने की यात्रा है।

सृष्टि के शुभारंभ से ही शुरू हुआ यह महापर्व

कुंभ पर्व एक प्राकृतिक घटना है, जो निश्चय ही सृष्टि के प्रारंभ में घटित हुई थी। सृष्टि के आरंभ में जब मानवजाति अथवा उसके पुरखों को अमीबा-शैवाल आदि का पता नहीं था, तब विशिष्ट योगों में कुंभ पर 'सोम वृष्टि' की प्राकृतिक घटना हुई थी। विचित्र बात यही है कि प्रत्येक बारह वर्षों के उपरांत इस घटना को वर्षगाँठ की भाँति दोहराया जाता है।

ब्रह्मांड व मानव पिंड का प्रतीक है 'कुंभ'

अमृत की इन बूँदों को शरीर किस प्रकार ग्रहण करे, विद्वानों ने इनकी

व्याख्याएँ की हैं। शास्त्रों में कहा गया है कि जिस प्रकार जो तत्त्व आकाशरूपी समुद्र में है, वह शरीर में भी है। उसी प्रकार जो शक्तियाँ बाह्य ब्रह्मांड में हैं वे मानव पिंड में भी सूक्ष्म रूप में विराजमान हैं। 'यथा ब्रह्माण्डे तथा पिण्डे' अर्थात् जो ब्रह्मांड में है, वह मानव-पिंड में है। अर्थववेद 11/8/32 का मंत्र 'सर्वा ह्यस्मिन् देवता गावो गोष्ठ इवासते' भी इसे दोहराता है। ब्राह्य ब्रह्मांड में सूर्य मंडल कुंभ के समान आकारवाला है। उसी प्रकार मानव देह में मस्तिष्क कुंभ ही है।

सौरमंडल सोमरूपी अमृत से भरा है, तो मानव मस्तिष्क में भी 'सेरिब्रो' स्पाइनल फ्ल्यूड' भरा है; जो सोमरस का एक रूपांतरण है। नक्षत्रों व राशियों की विभिन्न अवस्था में सोमरूपी अमृत पृथ्वी के चार स्थानों पर बूँदों के रूप में बरसता है। उसी प्रकार मानव मस्तिष्क में भी चार कूप विद्यमान हैं। यथा—**शीर्ष चत्वारः कूपाः** श.प. 3/5/4/1 सिर के इन चार कुओं को चार वैण्ट्रिकल्स आज भी वैज्ञानिक भाषा में माना जाता है। सोमरस या अमृत की बूँदें भारत के चार कुंभ स्थलों की भाँति मानव मस्तिष्क के चार स्थानों पर भी गिर सकती हैं। कुंभ रूपी कलश को वैदिक कर्मकांड की दृष्टि से द्रोण कलश भी कहा जाता है। वैदिक साहित्य में कुंभ एक वृक्ष माना गया है, जिसके पुष्प और फल भी कलश के समान होते हैं, जिनमें सोम भरा है। ऋग्वेद के सूक्त 9/10/4 के अनुसार पुष्प व फल आदि 'द्रोण कलश' ही है। सोम से भरे फल व पुष्प खाने के बाद उनके रस रक्तादि के रूप में बदलकर अंत में मस्तिष्क के कलश व इंद्रियों में पहुँचते हैं।

ऊर्ध्व ध्यान करते हुए 'कुंभ' स्नान चमत्कारी

शास्त्रों में मानव मस्तिष्क को 'मूर्धा' या 'द्रोण कलश' कहा है। साधारण मनुष्य अशुद्ध सोम का पान करते हैं, जबकि ज्ञानी ब्रह्मवेत्ता शुद्ध और पवित्र सोम पीकर अमरत्व को प्राप्त होते हैं। शुद्ध सोम को प्राप्त करने के लिए गायत्री श्येन बनकर द्युलोक में जाती है और वहाँ से सोम लाती है, अमृत को पाने का दूसरा एकमात्र उपाय ऊर्ध्वध्यान करते हुए कुंभ स्नान है।

आदित्य की उत्पत्ति मस्तिष्क में होती है। जब साधक श्येन गति से ऊर्ध्व में जाता है, तब मस्तिष्क में विद्यमान चेतना भी ऊर्ध्व की ओर गति कर सूक्ष्म शिर का शिरोभंग करती है। शिरोभंग के पथ से ऊर्ध्व गति चेतना, द्युलोक से आते अमृत को खींचकर मस्तिष्क के 'द्रोण कलश' में स्थापित कर देती है। वेदों में द्रोण कलश के वानस्पत्य, बार्हस्पत्य, प्राजापत्य तथा आत्युपात्रक रूप निर्धारित किए गए हैं। इन कलशों में ज्ञानवश मनुष्य, ऋषि और देवता सोमपान करते हैं। आदित्यरूपी द्रोण कलश जब ज्योति कलश के रूप में छलकता है, तब सोम स्रवित होकर चारों दिशाओं में प्राण तथा विज्ञान के रूप में बरसता है। ऋग्वेद में कहा गया है कि हे इंद्र! हे सोम! तू हमें दिव्यत्व की प्राप्ति कराने के लिए सोम (ओज) को प्रवाहित कर, यह मधुमय सोम हमारे शरीर रूपी सदन में मूर्धारूपी कलश में विराजमान हो।

अमृत का ही पर्याय है वैदिक सोम

वैदिक सोम वस्तुतः अमृत का पर्याय है। कुंभ के पर्व से जब अमृत जुड़ा है तो सोम स्वतः जुड़ जाता है। सोम या अमृत क्या है? यह अत्यंत विवादास्पद विषय रहा है। सोम को जाने बिना आम व्यक्ति ने इसे सोमरस बनाकर सुरा का पर्याय बना दिया है। सोम को सुरा के समकक्ष खड़ा करना भी एक अपराध है। कुंभ का यह महापर्व बताता है कि सोमलता, चंद्रमा, आत्मा, परमात्मा, वनौषधियाँ तथा वनस्पतियाँ जिस अमृत को धारण करती हैं, उसी की वर्षा में गंगा तट पर स्नान के लिए संतों-महात्माओं और लाखों की भीड़ उमड़ती है। वास्तव में देखा जाए तो पश्चात्य विद्वानों ने सोमलता के संदर्भों में सोम का अर्थ किया है। लेकिन सर मोनियर विलियम द्वारा निर्मित 'संस्कृत-इंग्लिश शब्दकोश' में सोम शब्द का अर्थ करते हुए इसकी महत्ता पर व्यापक प्रकाश डाला गया है।

वेदों और ब्राह्मण-ग्रंथों में सोम अथवा अमृत का बहुत वर्णन मिलता है। ऋग्वेद का संपूर्ण नौवाँ मंडल सोम के महत्त्व से भरा पड़ा है। वेदों के अन्य मंडलों में भी सोम की व्याख्या की गई है। इंद्र चूँकि प्रमुख रूप से सोम

पान करनेवाला माना गया है। इंद्र सूक्तों में अमृत की विराट् चर्चा मिलती है। सोम या अमृत को देवताओं का अन्न माना जाता है। अमृत अत्यंत आनंददाता है। महर्षि अरविंद तो सोम को दिव्य आनंद की प्रतिभूति ही मानते हैं। अमृतरूपी सोम को वेदों ने स्वयं देवता को दान स्वरूप प्रदान किया है। सोम के चमकीले वस्त्र सूर्य और चंद्रमा की किरणें हैं। वनस्पतियाँ और हरित वर्ण भी सोम के कारण हैं। अमृत सोम जब मनुष्यों में पहुँचता है, तब उसमें अमृत धर्म का संचार कर देता है। ऋग्वेद 1/41/9 मंत्र के अनुसार सोम अमृतरूप से मृत्यु का विनाश करता है। यजुर्वेद 19/72 में कहा गया है कि अमृतरूपी सोम मनुष्य के अंतस्तल में ऋजीषेण सारल्य के द्वारा ऋजुत्व उत्पत्ति कर मृत्यु तथा मृत्यु के भय को विनष्ट करता है। ऋजुगामी व्यक्ति दीर्घजीवी होते हैं, मुक्ति के मार्ग पर अग्रसर होते हैं तथा सोममय अमृत को प्राप्त कर लेते हैं।

चाक्षुष मन्वंतर में हुई समुद्र-मंथन की गणना

अमृत और विष कब निकले, भगवान् शंकर ने विष और देवताओं ने अमृत कब पिया ? यह जानने के लिए कालचक्र अनादि काल से निरंतर घूम रहा है। अमृत और विष रूपी जीवन-मृत्यु के लिए मानव ने काल की गुहाओं से अनेक रहस्य खोजे हैं। सृष्टि का चक्र सुचारु रूप से चलाने के लिए काल का विभिन्न प्रकार से विभाजन किया गया है। इस विभाजन के अनुसार 17,28,000 वर्ष के समय को सतयुग, 12,96,000 के समय को त्रेता युग, 8,64,000 वर्ष के समय को द्वापर युग तथा 4,32,000 वर्ष के समय को कलियुग कहा जाता है। इन चारों युगों के योग 43,20,000 को चतुर्युग कहते हैं। शास्त्रों के अनुसार एक हजार चतुर्युगी बीतने पर ब्रह्मा का एक दिन बनता है। इसी को कल्प कहते हैं। एक कल्प में 14 मन्वंतर होते हैं। प्रत्येक मन्वंतर में 71 चतुर्युगियों का होता है। वर्तमान श्रीश्वेत वाराह कल्प के स्वयंभू, स्वारोचिष, उत्तम, तामस, रैवत तथा चाक्षुष, ये छह मन्वंतर बीत चुके हैं। सातवाँ वैवस्वत मन्वंतर चल रहा है। इस मन्वंतर की सत्ताईस चतुर्युगियाँ बीत

गई हैं। अट्ठाईसवीं चतुर्युगी कलियुग इस समय चल रहा है। चाक्षुष नामक छोटे मन्वंतर में समुद्र-मंथन की घटना हुई थी। भगवान् शिव उसी मन्वंतर में नीलकंठ कहलाए।

काल चक्र से जाना जा सकता है 'कुंभ' का काल

अमृत कुंभ की यह घटना कितनी पुरानी है, कालचक्र से यह सहज जाना जा सकता है। कहते हैं कि 'चाक्षुष' नाम से छठे मन्वंतर में एक बार देवराज इंद्र के अपराध के कारण कुपित होकर दुर्वासा ने समस्त देवताओं को शक्ति एवं श्रीहीन होने का श्राप दे दिया था। उसी श्राप के कारण देवता अशक्त हो गए तथा असुरों ने उन्हें पराजित कर डाला। देवता बुरे हाल ब्रह्मा के पास पहुँचे और जीवन-रक्षा की प्रार्थना की। ब्रह्मा उन्हें विष्णु के पास ले गए।

देवों पर प्रसन्न होकर विष्णु ने सुझाया कि देवता यदि अमृतपान कर लें, तो उन्हें राक्षस कोई हानि नहीं पहुँचा सकते। विष्णु ने ही अमृत की प्राप्ति के लिए असुरों को देवों के साथ मिलकर समुद्र-मंथन के लिए राजी किया। शिव ने जब विष पिया, तभी अमृत की तलाश में समुद्र का मंथन पुनः प्रारंभ हुआ। समुद्र-मंथन से कामधेनु, उच्चैश्रवा, ऐरावत, कौस्तुभमणि, चंद्रमा, कल्पवृक्ष, अप्सराएँ, लक्ष्मी वारुणी के निकलने के पश्चात् अमृत कलश लिये धन्वंतरि प्रगट हुए। आयुर्वेद के शीर्ष पुरुष धन्वंतरि से अमृत का नाता वेदवर्णित सोम के वनस्पतियों के रिश्ते के समान है। (यह प्रसंग पूर्व में आया है)

जिसने 'कुंभ' अमृत चख लिया, वह पतित नहीं हो सकता

ऋषियों ने सोमलता की खोज भी की, जिसके रस को पीने से सहसा चमत्कारिक प्रभाव होता है। इसका पर्याय सुरा को मानना अज्ञान है। अमृत तो वस्तुतः इंद्रियों द्वारा ग्रहण किया जाता है। जिस प्रकार 'आनंद' या 'परमानंद' को मात्र अनुभव किया जा सकता है, उसी प्रकार अमृत का अनुभव भी ज्ञानेंद्रियाँ ही करती हैं।

दिव्य आनंद प्रदाता अमृत रस का पान करनेवाले को कोई परास्त नहीं कर सकता। जिसके भीतर सोम भर गया, यानी जिसने 'कुंभ' अमृत चख लिया, वह कभी पतित नहीं हो सकता। अमृत पान करनेवाला ऋषि कहता है कि उसका एक पार्श्व धरती पर है तो दूसरा आकाश में। वर्णन मिलता है कि हिमालय के शिखरों पर सोमलता एक औषधि के रूप में भी मिलती थी। अधिक उपयोग और कम प्रतिरोपण से अमृत लता समाप्त हो गई। अमृत के एकांकी स्वरूप अनेक हैं। अमृत के संबंध में भारतीय ज्ञान को ईरानी आर्य विद्वानों ने भी काफी आगे बढ़ाया, लेकिन पाश्चात्य विद्वान् अमृत या सोम का अर्थ ग्रहण एक लता के रूप में ही करते हैं।

वेदों एवं आस्था ग्रंथों के अलावा अलबत्ता विश्व के किसी भी साहित्य में अमृत का ऐसा विराट् वर्णन प्राप्त नहीं होता है। कुंभ का यह महापर्व अमृत मंथन, अमृतघट, सोम अथवा नभ से बरसती इंदु किरणों को जानने का अलभ्य अवसर मानव जाति को प्रदान करता है। अमृत की तलाश में सघन जंगलों एवं हिम कंदराओं में बैठकर तपस्या करनेवाले साधु-संन्यासी भी भारी संख्या में कुंभ क्षेत्र में चले आते हैं। देश-विदेश से लाखों यात्री, कुंभ में उमड़ पड़ते हैं। सभी की चाह है कि गंगा में मिली अमृतधारा की एक बूँद उन्हें प्राप्त हो जाए। स्वर्ग द्वार, हरि के द्वार या 'गंगा द्वार' पर अमृत को पाना सरल और सहज है।

सृष्टिकर्ता-ब्रह्मा, सृष्टि-संचालक विष्णु एवं सृष्टि-संहारक भगवान् शिव की पावन क्रीड़ा भूमि पर अमृत की यह सहजता ही बिना चिट्ठी-पत्री भेजे लाखों जनों को खींच लाती है। कुंभ का अमृत पान करते त्रिदेव, मानव, देव, यक्ष, किन्नर और गंधर्व आदि धर्मनगरी में डेरा जमाए दृश्य-अदृश्य रूप में बैठे रहते हैं। यह अमृत पर्व गंगा की ओर उमड़ते अमृतखोजी मनुष्यों को अमृतपान कराकर मानसिक अमरता हासिल करने का अनूठा अवसर प्रदान कराता है।

कुंभ का आध्यात्मिक पक्ष

कुंभ पर्व के संदर्भ में तो नहीं, किंतु अमृत प्राप्ति हेतु श्रीमद्भागवत,

विष्णुपुराण, महाभारत, बाल्मीकीय रामायण आदि ग्रंथों में समुद्र, अग्नि एवं देवताओं को अमृत-प्राप्ति का उल्लेख प्राप्त होता है। समुद्र-मंथन एवं अमृतोत्पत्ति की कथा के चार हेतु बताए गए हैं, जो इस प्रकार हैं—

दुर्वासा द्वारा इंद्र को हतश्री होने का श्राप देने के कारण, देवदानव युद्ध में दैत्यगुरु शुक्राचार्य द्वारा मृत दैत्यों को संजीवनी विद्या द्वारा जीवित कर देने के कारण, दिति एवं अदिति जो कि महर्षि कश्यप की पत्नियाँ हैं, के पुत्रों में कलह के कारण तथा अन्य काल में कश्यप की ही दो पत्नी 'कद्रु एवं विनिता' के विवाद से वैनतेय गरुड़ द्वारा स्वर्गलोक से अमृत कलश पृथ्वी पर लाए जाने के संदर्भ से संबंधित पुराणों में उपर्युक्त यही चारों कथाएँ प्राप्त होती हैं।

कुल मिलाकर इन कथानकों को आध्यात्मिक रूप में ही देखा जाना सर्वथा उचित प्रतीत होता है। इसका आध्यात्मिक पक्ष यह है कि वेदों में इस समस्त सृष्टि अर्थात् ब्रह्मांड को जलमय ही कहा गया है। 'सर्वमापोमयं जगत' सूर्य की किरणों में एक प्रकार का जलतत्त्व व्याप्त है, वही अप्सराएँ हैं। अप्सु सरति इति अप्सरा सूर्य की किरण को ही 'मरीचि' नाम दिया गया है; सूर्य ही विष्णु है। अंतरिक्ष ही समुद्र है; वायु ही कच्छप है। दैवी एवं आसुरी वृत्तियाँ ही देव-दानव हैं। पृथ्वी ही घट (कुंभ) है तथा इसमें बादलों द्वारा प्रदत्त शुद्ध जल ही अमृत है।

किंवदंतियाँ जो भी रही हों, लेकिन आज कलियुग के इस मशीनीकरण के चरण में कुंभ पर्व की आवश्यकता मानव जाति में अध्यात्म की जड़ें बनाए रखने के लिए आवश्यक है। पुरातन संस्कृति के संवाहकों के रूप में धर्मगुरुओं और उनके असंख्य अनुयायियों के द्वारा धर्म के प्रचार-प्रसार, आध्यात्मिक चिंतन-मनन, उस अलौकिक परमशक्ति के प्रति श्रद्धानवत् होना 'कुंभ' का मूल उद्देश्य है। आज के परिप्रेक्ष्य में विचारों में................ अमृत तुल्य है।

□

मनीषियों की नजर में कुंभ

विद्वान् समीक्षक एवं ज्योतिर्विद् डॉ. गिरजा शंकर शात्री इलाहाबाद अपने एक लेख में लिखते हैं कि कुंभ का संबंध अमावस्या और पूर्णिमा से होने के कारण कार्तिकी आदि विशेष पुण्य तिथियों की भाँति यह भी प्राचीन भारतीय पर्व है। यदि इसका संबंध मकर संक्रांति की भाँति राशियों से होता है तो निसंदेह यह आज से 1700 वर्ष से अधिक पुराना न कहा जाता। वैदिक काल में तिथियाँ ही कालगणना का माध्यम मानी गई थीं। इन्हीं को 'दिन' के नाम से पुकारते थे।

वर्तमान रविवार आदि दिनों के नाम उस समय नहीं रखे गए थे; क्योंकि इन नामों का संबंध राशि गणना से होने के कारण ये राशियों के प्रचार के बाद के हैं। ऋषियों ने वैदिक काल में तिथियों और नक्षत्रों के पारस्परिक संबंधों की गणना करके जान लिया था। फलतः उन्होंने चंद्रगति के इस विज्ञान को असंदिग्ध रूप से अवगत कर लिया।

इसी के अनुसार हमारे सारे वैदिक यागादि कृत्य संपन्न होते रहे हैं। 'कात्यायन श्रौतसूत्र' में लिखा है—'या इयं वैशाखस्यामावस्या सा रोहिण्या सम्पद्यते तस्यामादधीत।' अर्थात् जब वैशाख अमावस्या रोहिणी नक्षत्र से युक्त होती है, तब उनमें अग्न्याधान करना चाहिए।

नक्षत्रों के आधार पर ही दिन व महीनों के नाम

व्याकरण शास्त्र को सुव्यवस्थित स्वरूप देने वाले आचार्य पाणिनि ने तिथि नक्षत्र योग के इसी स्थिर संबंध को व्यवहार परंपरा में देखकर 'नक्षत्रेण

युक्त काल:' इस सूत्र से, नक्षत्रों के नाम से तिथियों का नामकरण किया। पुष्प नक्षत्र से युक्त तिथि को पौषी तिथि कहेंगे। प्रत्येक मास की पूर्णिमा के नियत नक्षत्र के साथ होने से ही 'सास्मिन् पौर्णमासी' इस सूत्र से मासों के चैत्र, वैशाख आदि नाम रखे गए। जैसे चित्रा नक्षत्र से युक्त होने पर 'चैत्रमास, विशाख नक्षत्र से पूर्णिमा यदि युक्म हो तो 'वैशाख मास', इसी तरह ज्येष्ठा नक्षत्र पर स्थित चंद्रमा के साथ जो पूर्णिमा, जिस मास में युक्त होगी, वह 'ज्येष्ठ मास' होगा।

राशियों-वारों का प्रचलन ईस्वी सन् के बाद का

उपर्युक्त विवेचन से यह स्पष्ट हो गया कि अमावस्या तिथि को 'कुंभपर्व' होने के कारण, उस दिन चंद्रमा और सूर्य दोनों का एक नक्षत्र (अमावस्या) और साढ़े तेरह नक्षत्र अर्थात् (पूर्णिमा) के अंतर पर होना निश्चित है। अत: चंद्रमा, सूर्य और बृहस्पति की नियत राशि में स्थिति से कुंभ का काल निर्णय करना महत्त्वहीन तो है ही, साथ ही राशि के संबंध के कारण कुंभ की ऐतिहासिक मर्यादा को भी ईसा के जन्म के बाद खींच लाती है। कारण, हमारी ज्योतिष गणनाओं में राशियों और वारों का प्रचलन ईस्वी सन् के आसपास ही हुआ है।

इसीलिए आदिग्रंथों में नहीं मिलता ज्योतिषीय उल्लेख

आर्यभटीयम्, बृहत्संहिता तथा ऋषियों के नाम पर रचे गए ज्योतिष के सिद्धांत-ग्रंथ, सूर्यसिद्धांत, ब्रह्मसिद्धांत आदि गंथों में राशियों और वारों का उल्लेख है, किंतु ये ग्रंथ ईस्वी सन् के आसपास ही अपने परिष्कृत ग्रहपति के साथ अस्तित्व में आए हैं। इसको प्रमाणित करना एक स्वतंत्र लेख का विषय है। हमारे प्राचीन वैदिक तथा वेदांग-ज्योतिष, 'यास्क' के निरुवत्र, पणनीय व्याकरण, महाभारत आदि में इन राशियों और वारों का नाम तक नहीं मिलता। वहाँ तो नक्षत्रों और तिथियों को ही काल-गणना का माध्यम माना गया है।

कुंभ का मौजूदा स्वरूप बाद का निर्धारित है

अन्य बात यह है कि पुराणों में उल्लिखित 'कुंभ' के कालनिर्णयों में ग्रहों की गतिविधियों की अज्ञात का ही परिचय मिलता है, वहाँ बृहस्पति की राशियों की स्थिति से चारों कुंभों की काल-गणना का निर्देश है। लेखकों ने यह समझ लिया था कि बृहस्पति जितने दिन में एक राशि (30 अंश) चलता है, उतने ही दिनों में सूर्य बारह राशि 360 अंश (डिग्री) चलता है। इनके लिए ज्योतिष के संहिता ग्रंथों में कथित बृहस्पति के संवत्सर और सूर्य के वर्ष समान ही होते हैं।

पुराणों के श्लोकों में भी किया गया परिवर्तन

स्वामी करपात्रीजी का वेद, धर्मशास्त्र तथा पुराणों में अनन्य निष्ठा थी, अतएव वे मेष राशि के बृहस्पति में ही प्रयाग के कुंभ का आयोजन करना चाहते थे, किंतु मेष के बृहस्पति में प्रयाग कुंभ पर्व होने पर ग्यारहवाँ वर्ष ही आ रहा था। अत: काशी के विद्वानों और पंचांगकारों ने 'वृष राशि' के बृहस्पति (1954 ई.) में कुंभपर्व मनाने का निर्णय दिया और तभी से पूर्व से चले आ रहे पुराणों में उल्लेखित श्लोक में परिवर्तन करके एक नवीन श्लोक की रचना की गई, जो इस प्रकार है—

मकरे च दिवानाथे वृषराशिस्थिते गुरौ।
प्रयागे कुम्भयोगो वै माघमासे विधुक्षये॥

अन्यत्र—

मकरे च दिवानाथे वृषगे च बृहस्पतौ।
कुम्भयोगो भवेदत्र प्रयागे ह्यतिदुर्लभ:॥

यहाँ पूर्व से चला आ रहा पुराणों का 'माघमेषगते जीवेऽजगौ चन्द्रमाभास्करौ' गायब कर दिया गया। ऐसा क्यों है? इसका यहाँ बृहस्पति और सूर्य की गति आदि के अनुसार विवेचन किया जा रहा है।

गुरु और सूर्य के चलते बदली पूर्व परंपरा

गुरु, सूर्य की गति ज्योतिष गणना के अनुसार सूर्य के बारह राशियों में

भ्रमण का अथवा एक 'सौर वर्ष' का मान 365 दिन 6 घंटा 9 मिनट 15 सेकेंड होता है तथा बृहस्पति अपनी गति से एक राशि, 30 डिग्री 361 दिन 2 घंटा 20 मिनट 34 सेंकड में पूरा करता है, इस प्रकार प्रतिवर्ष सौर वर्ष और बृहस्पति के संवत्सर से 4 दिन 4 घंटा 47 मिनट 40 सेकेंड का अंतर होता है। अर्थात् सौर वर्ष की पूर्ति के समय बृहस्पति इस अंतर संबंधी कोणात्मक दूरी के तुल्य सूर्य से आगे चला जाता है। उसका परिणाम यह होता है कि बृहस्पति के 12 राशि या 360 अंश चल चुकने के समय प्रत्येक बारहवें वर्ष, सौर वर्ष और बार्हस्पत्य संवत्सरों में 15 दिन 9 घंटे 43 मिनट 47 सेकेंड का अंतर पड़ेगा। अतः पूर्ववत् गणना के अनुसार बारहवें वर्ष 'सौर वर्ष' की पूर्ति के समय बृहस्पति सूर्य से 40 अंश 11 कला 28 विकला आगे रहेगा। इस प्रकार बढ़ते-बढ़ते यह अंतर सवा सोलह दिन कम 86 वर्ष से सौर वर्ष की पूर्ति के समय बृहस्पति सूर्य से 30 अंश (डिग्री) या एक राशि आगे होगा। इस क्रम से प्रत्येक 86वें वर्ष, वर्षांत में बृहस्पति सूर्य से एक राशि आगे बढ़ता जाएगा। 1021 वर्ष 172 दिनों के बाद, जब यह अंतर 360 अंश हो जाएगा, तब बृहस्पति और सूर्य सौर वर्षांत में पुनः पूर्वावस्था में आ जाएँगे। कुंभ से इस गणितसत्य का संबंध जोड़ने पर यों समझना होगा कि मान लीजिए कि पूर्वोक्त निर्णयों के अनुसार किसी समय प्रयाग में माघ मास की अमावस्या को मकर राशि पर सूर्य चंद्रमा और बृहस्पति वृष राशि पर स्थित होने पर कुंभपर्व का योग हुआ। तब उसके 86वें वर्ष माघ की अमावस्या को सूर्य-चंद्रमा तो मकर में ही होंगे, किंतु बृहस्पति मिथुन से एक राशि आगे, कर्क राशि पर होगा।

□

'समुद्र-मंथन' को मान्यता

कुंभ पर्व की प्रथम कथा में जहाँ कश्यप की पत्नियों कद्रु एवं विनता के मध्य अहं की लड़ाई के साथ अमृत का संबंध जोड़ा गया, वही दूसरी कथा में देवासुर संग्राम की जगह गरुड़-नाग संघर्ष प्रमुख हो गया और जयंत की जगह इंद्र स्वयं सामने आ गए। यह कहना कठिन है कि कौन सी कथा अधिक विश्वसनीय और प्रामाणिक है; क्योंकि प्राचीन काल से ही भारतीय संस्कृति पर बार-बार विदेशी संस्कृतियों के हमले होते रहे हैं और बार-बार हिंदुओं के धर्मग्रंथों को नष्ट-भ्रष्ट किया गया है। बार-बार अपनी संस्कृतियों,

समुद्र मंथन का 1870 में निर्मित चित्र

धर्मों एवं मान्यताओं को विदेशी आक्रांताओं ने हिंदू संस्कृति एवं धर्म पर लादने का असफल प्रयास किया है। अतः बहुत संभव है कि बार-बार धर्मग्रंथों के पुनः लेखन, संकलन से कुंभ पर्वों की मूल कथा में भिन्नता आ गई हो।

यह सबकुछ होते हुए भी एक बात तो तय है कि व्यापक रूप से समुद्र-मंथन की तीसरी कथा को ही अधिक महत्त्व दिया जाता है और इस तीसरी कथा को ही पौराणिक पृष्ठभूमि में सर्वोपरि स्थान मिला है। देवासुर संघर्ष, जिसका रूप 'समुद्रमंथन' की कथा से स्पष्ट हो जाता है, ऐसी लालित्य और अर्थपूर्ण कथा विश्वसाहित्य में अन्यत्र कहीं भी देखने को नहीं मिली।

देवताओं और असुरों की प्रवृत्ति का जितना गहरा परिचय इस कथा में मिलता है, उतना किसी और कथा में नहीं मिलता है। कुंभ पर्वों के उद्‍भव के संबंध में सर्वाधिक सटीक एवं प्रामाणिक यह समुद्र-मंथन की कथा है, लेकिन चिंतनशील मनीषियों का एक वर्ग इन तीनों कथाओं को कल्पनाश्रित मानता है तथा 'प्रतीक' और 'ज्योतिष शात्रीय' दृष्टि से कुंभ पर्व के विषय में अपना मत स्थापित करता है।

विचार कीजिए, समुद्र-मंथन अथवा विचार-मंथन के परिणामस्वरूप जिन चौदह रत्नों की प्राप्ति हुई है, उनमें जब अमृत कलश अंत में निकला, यह अमृत कलश उस ज्ञान का प्रतीक है, जो इस व्यापक विचार-विमर्श के बाद उपलब्ध हुआ था। इस ज्ञान पर एकाधिकार प्राप्त करने के लिए भी देवताओं और दानवों में तीव्र संघर्ष हुआ। जनश्रुति के अनुसार, इंद्र का पुत्र जयंत इसको देवताओं को हासिल करने में सफल रहा।

समुद्र-मंथन में निकले रत्न प्रगति के प्रतीक

विष और अमृत के अलावा जो बारह और रत्न 'समुद्र-मंथन' में उपलब्ध हुए, उनको भी प्रतीक के रूप में लिया जाना चाहिए। वास्तव में इस व्यापक विचार-विमर्श के दौरान संपूर्ण समाज की व्यवस्था के लिये कुछ ऐसे निर्णय लिए गए; जो तत्कालीन समाज को व्यवस्थित करने तथा उस व्यवस्था की निरंतरता बनाए रखने के लिए महत्त्वपूर्ण थे। ये निर्णय निम्नवत् थे—

चंद्रमा की अंतरिक्ष विज्ञान व ज्योतिष में महत्ता को स्वीकार करके यह निर्णय लिया गया कि सौर मंडल के रहस्यों और उसका धरती के प्राणियों पर पड़नेवाले प्रभाव का अध्ययन किया जाए। **धन्वंतरि**—व्याधियों व महामारियों का अध्ययन कर उनके निराकरण के लिए औषधियों का निर्धारण किया जाए। **ऐरावत हाथी**—धरती में पुनः निर्माण के कार्यों को संपन्न करने के लिए हाथियों का उपयोग किया जाए। **उच्चैःश्रवा**—शक्ति के प्रतीक के रूप में और यातायात के द्रुतगामी साधन के रूप में अश्वशक्ति का विकास किया जाए। **लक्ष्मी**—आर्थिक गतिविधियों के विकास तथा परस्पर व्यापक वृद्धि के लिए मुद्रा का निर्धारण किया जाए। इसके साथ ही दुर्लभ धातुओं का सार्थक उपयोग किया जाए। **कामधेनु**—कृषि उत्पादन वृद्धि के लिए 'गौवंश' के विकास की व्यवस्था की जाए। **कौस्तुभमणि**—रत्नगर्भा धरती से मणियों व कीमती धातुओं का दोहन किया जाए। **पारिजात वृक्ष**—वनों व वनस्पतियों की रक्षा की जाए। **रंभा**—नृत्य, संगीत और कला के महत्त्व को स्वीकार किया जाए और उसके विकास का निर्णय लिया जाए। बारहवीं '**वारुणी**', उन सभी सामग्रियों के महत्त्व को भी स्वीकार किया गया, जो मादक और सम्मोहनकारी हैं। इस समुद्र-मंथन अथवा विचार-मंथन के परिणामस्वरूप जो निर्णय लिये गए, वही वर्तमान मानवीय सभ्यता के आधारभूत सिद्धांत हैं।

'विष्णुयाग' नामक ग्रंथ के अनुसार समुद्रमंथन की घटना हिमालय के उत्तर पार्श्व में आज से लाखों वर्ष पूर्व स्थित **क्षीरोद** नामक मीठे पानी के समुद्र में हुई थी। पौराणिक भौगोलिकों ने इस स्थान की पहचान संप्रति मध्य एशिया के **कजाकिस्तान गणराज्य** में, जहाँ **अरब** एवं **वल्काश** आदि समुद्र स्थित हैं, से की है। यहाँ प्राकृतिक परिवर्तन के बाद कई सरोवर तथा रेगिस्तान हैं। इसी क्षीरोद सागर में देवताओं और दैत्यों ने समुद्र-मंथन किया तथा 14 रत्न निकाले। हमारे विचार से **अथर्ववेद** के **क्षीर** तथा **उदक** जल से पूर्ण कुंभ की कल्पना ने ही 'विष्णु याग' ग्रंथ के निर्माता को '**क्षीरोद सागर**' नाम रखने की प्रेरणा दी होगी।

□

लोककथाओं में कुंभ

कुंभ पर्व की प्रथम कथा

इस कथा में बताया गया है कि एक बार महर्षि दुर्वासा किसी बात पर प्रसन्न होकर देवराज इंद्र को दिव्य शक्तियों से युक्त एक माला प्रदान करते हैं, किंतु देवराज इंद्र ने उस माला को तुच्छ समझकर उसे अपने हाथी ऐरावत के मस्तक पर रख दिया। ऐरावत ने उसे सूँड़ से नीचे खींचकर पैरों तले कुचल डाला। यह दृश्य देखकर महर्षि दुर्वासा ने इसे अपना अपमान समझा और देवराज इंद्र को 'श्रीहीन' होने का भयंकर श्राप दे डाला। महर्षि दुर्वासा के श्राप के कारण संपूर्ण ब्रह्मांड में हाहाकार मच गया। अनावृष्टि और दुर्भिक्ष से प्रजा त्राहि-त्राहि कर उठी। तब श्रीमन्नारायण की कृपा से समुद्र-मंथन की प्रक्रिया के द्वारा लक्ष्मीजी का प्राकट्य हुआ।

फलतः वृष्टि होने लगी और संसार का कष्ट दूर हुआ। इसी कथा में अमृत का भी उल्लेख है, जिसे असुरों ने नाग लोक में छिपा दिया और गरुड़ ने अमृत को वहाँ से बचाकर क्षीर सागर तक पहुँचाया। क्षीर सागर तक पहुँचाने में गरुड़ ने जिन-जिन स्थानों पर अमृत कलश रखा, उन-उन स्थानों पर कुंभ पर्व मनाया जाने लगा।

कुंभ पर्व की दूसरी कथा

कुंभ पूर्व की दूसरी कथा प्रजापति कश्यप की पत्नियों 'कद्रु' और 'विनता' के मध्य की तकरार से संबंधित है। कथा कुछ इस प्रकार है—एक बार प्रजापति कश्यप की दो पत्नियों कद्रु एवं विनता के बीच सूर्य के अश्व

(घोड़े) काले हैं या श्वेत, इस विषय को लेकर विवाद छिड़ गया। विवाद ने प्रतिष्ठा का रूप ले लिया और शर्त लग गई, जिसकी बात झूठी निकलेगी वह दासी बनकर रहेगी। कद्रु के पुत्र थे 'नागराज वासुकी' और विनता के पुत्र थे 'वैनतेय गरुड़'। कद्रु ने विनता के साथ छल किया और अपने नागवंश को प्रेरित करके उनके कालेपन से सूर्य के अश्वों को ढक दिया। फलत: विनता शर्त हार गई और उसे दासी बनकर रहना पड़ा।

दासी के रूप में अपने को अपमानित समझकर संकट से छुड़ाने के लिए विनता ने अपने पुत्र वैनतेय गरुड़ से कहा तो गरुड़ ने विमाता कद्रु से ही संकट-मुक्ति हेतु उपाय पूछा। उपाय बताते हुए कद्रु ने कहा कि यदि नाग लोक में वासुकी से रक्षित 'अमृतकुंभ' जब भी कोई ला देगा, तब मैं विनता को दासत्व से मुक्ति दे दूँगी। कद्रु के मुख से यह उपाय सुनकर स्वयं गरुड़ ने नाग लोक जाकर 'वासुकी' से अमृतकुंभ अपने अधिकार में ले लिया और अपने पिता 'कश्यप मुनि' के उत्तराखंड के गंधमादन पर्वत पर स्थित आश्रम के लिए चल पड़े। उधर वासुकी ने देवराज इंद्र को अमृतहरण की सूचना दे दी। अमृत कुंभ को गरुड़ से छीनने के लिए देवराज इंद्र ने गरुड़ पर बारह बार हमला किया; जिससे मार्ग में पड़नेवाले बारह स्थानों पर अमृत छलककर कुछ बूँदों के रूप में गिरा। कहीं-कहीं कथाभेद से उल्लेख है कि गरुड़ द्वारा अमृत चोंच में पकड़े हुए होने के कारण अमृत छलककर या (विश्राम काल में अमृत कलश रखने-उठाने के समय छलककर गिरा।) जिन-जिन स्थानों पर अमृत कलश से बूँदें छलकीं, उन-उन स्थानों पर अमृत की स्मृति में कुंभ पर्व मनाए लाने लगे।

कुंभ पर्व की तीसरी कथा

कुंभ पर्व की उत्पत्ति के संबंध में सर्वाधिक प्रचलित तीसरी कथा इस प्रकार है कि जब दैवीय एवं आसुरी प्रवृत्तियों का युद्ध हो रहा था, अर्थात् दोनों सभ्यताओं और विचारों के बीच संघर्ष छिड़ा था तब येन-केन-प्रकारेण दोनों प्रवृत्तियों का समन्वय कराने के लिए 'समुद्र-मंथन' का आयोजन किया गया।

दोनों दलों के प्रमुखों ने परस्पर विचार-विमर्श के बाद यह निश्चय किया कि हम लोग (देव-दानव) त्रयलोक का चप्पा-चप्पा तो देख चुके हैं; और ऐसी कोई वस्तु नहीं है, जिसका हम लोगों ने कोई उपयोग न किया हो। केवल सागर ही हमारे अन्वेषण में शेष है। समस्त भू-मंडल को घेरे हुए 'रत्नाकर' नाम से विख्यात असीम जलराशि के अधिपति सागर में अमूल्य रत्न तथा अमरत्व प्रदान करनेवाला अमृत दबा हुआ है। यह जानकर विलक्षण शक्तियों के स्वामी देव और दानवों में अमृत प्राप्ति की सुखद कल्पना को लेकर अदम्य उत्साह था, किंतु समुद्र में खोज और अमृत-प्राप्ति कोई साधारण कार्य नहीं था। बड़े विचार-विमर्श के पश्चात् समुद्र-मंथन की योजना तय हुई और पर्वतों के राजा 'मंदराचल' को मंथानी (रई) बनने हेतु तथा नागों के राजा 'नागराज वासुकी' को रस्सी रूप में योगदान देने हेतु राजी किया गया।

पर्वतराज मंदराचल को मथानी और नागराज वासुकी को रस्सी बनाकर समुद्र-मंथन का कार्य आरंभ हो गया। नागराज वासुकी के फन (मुख) की ओर 'दानव' और दुम (पूँछ) की ओर 'देवगण' लगे। दोनों दल अपार उत्साह के साथ समुद्र को मथने में जुटे हुए थे। मंथन की भीषणता से तीनों लोक काँप रहे थे। सागर के जीव-जंतु तथा स्वयं सागर की दुर्गति अकथनीय थी। मंदराचल फिसलकर डूब न जाएँ, इसलिए स्वयं भगवान् विष्णु कच्छप (कछुआ) का रूप धारण कर मंदराचल रूपी मथानी को आधार दिए हुए थे। जैसा कि अटल सत्य है कि संगठन के आगे सभी को झुकना पड़ता है, वैसे ही देव-दानवों की संगठनात्मक शक्ति के आगे रत्नाकर को झुकना पड़ा और 14 रत्नों (1. पुष्पक विमान, 2. ऐरावत हाथी, 3. पारिजात वृक्ष, 4. रंभा आदि अप्सराएँ, 5. कौस्तुभ मणि, 6. बाल चंद्रमा, 7. पांचजन्य शंख, 8. शार्ङ्ग धनुष, 9. सुरभी नामक गाय, 10. उच्चैश्रवा नामक अश्व, 11. भगवती लक्ष्मी, 12. भगवान् धन्वंतरि, 13. विष और उनके साथ चौदहवाँ रत्न, 14. स्वर्णमय 'अमृत कलश' भी बाहर आ गया। विष की भयानकता से तीनों लोक दहक गए थे। तब भगवान् भूतेश्वर शिवजी ने हलाहल विष का पान करके त्रिलोक की रक्षा की थी और नीलकंठ कहलाए। अमृत-प्राप्ति से

चारों ओर प्रसन्नता का वातावरण छा गया। देवों और दानवों का श्रम सफल हुआ। वे अपनी-अपनी थकान भूलकर 'अमृत कलश' हड़पने की कूट चाल सोचने लगे। इसी बीच देवराज इंद्र ने अपने पुत्र जयंत को अमृत कलश लेकर भागने का इशारा किया।

जयंत को अमृत कलश लेकर भागता देख दानवों को देवताओं की चाल समझते देर नहीं लगी और परिणामस्वरूप देव और दानवों में पुन: भयंकर संग्राम छिड़ गया। यह संग्राम देवताओं के बारह दिन अर्थात् मनुष्यों के बारह वर्ष तक चला; इन बारह वर्षों के भीषण संग्राम में जयंत बारह बार बारह स्थानों पर (कहीं-कहीं केवल चार स्थानों का ही उल्लेख मिलता है) दानवों की पकड़ में आ गया। अमृत कलश को लेकर आपसी संघर्ष एवं छीना-झपटी में अमृत की कुछ बूँदें कलश से 'बारह' स्थानों पर छलक पड़ीं। अमृत छीनने में दानवों ने अपनी संपूर्ण शक्ति लगा दी थी, किंतु देवताओं के संगठन और कूट चालों ने उन्हें सफल नहीं होने दिया। देवों में सूर्य, चंद्रमा और गुरु का अमृत कलश की रक्षा में विशेष योगदान रहा। चंद्रमा ने कलश को गिरने से तथा सूर्य ने फूटने से और गुरु अर्थात् बृहस्पति ने असुरों के हाथों में जाने से बचाया था। यही कारण है कि इन तीनों ग्रहों की विशिष्ट स्थिति में जहाँ-जहाँ अमृत बूँदें गिरी थीं, कुंभ पर्व मनाया जाने लगा।

□

'कुंभ स्नान' का विशेष महत्त्व

'कुंभ पर्व' में नहाने का विशेष महत्त्व आँका गया है। यद्यपि कुंभपर्व के लिए इन चारों 'कुंभ' स्थानों, यानी हरिद्वार के अलावा प्रयाग, उज्जैन व नासिक का विशेष महत्त्व है, परंतु विशिष्ट 'कुंभ' हरिद्वार का ही माना गया है, क्योंकि 'कुंभ राशि' का पर्व तो हरिद्वार में ही पड़ता है।

कुम्भयोगे हरिद्वारे स्नानेन यत्फलम्।
अश्वमेधसहस्रे तन्मैवभ्यते भुवि॥

अर्थात् मेष में सूर्य हो और कुंभ राशि में बृहस्पति हो, तो गंगाद्वार (हरिद्वार) में कुंभ में उत्तम योग बनता है। ऐसे योग में गंगाद्वार (हरिद्वार) के कुंभ पर्व पर स्नान किया जाए तो एक हजार अश्वमेध यज्ञ करने जैसा पुण्य प्राप्त होता है।

कुम्भराशिगते जीवे तथा मेषे गते रवौ।
गङ्गाद्वारे कृं स्नानं पुनरावृत्तिवर्जनम्॥"

अमृत वेला में स्नान की रहती है होड़

हरिद्वार में कुंभपर्व के लिए यह देखा जाता है कि सूर्य मेष राशि में किस घड़ी में संक्रमण कर रहा है। उसी वेला को 'अमृत वेला' कहा जाता है, और उस वेला में गंगा-स्नान के लिए स्नानार्थियों में होड़ लग जाती है कि हममें कौन पहले कुंभपर्व के पुनीत अवसर पर 'अमृतवेला' में गंगा में स्नान कर सकेगा।

कुंभ स्नान की अनेक अवस्थाएँ विशुद्ध तंत्र आधारित हैं, सामान्य श्रद्धालु उनको समझे ही तांत्रिक मर्यादाओं, रीतियों तथा अनुष्ठानों का पालन

करके कुंभ जल को ब्रह्मांड की ऊर्जा से पूरित रखने की भूमिका निभाता है।

कुंभ मेले का जल साधारण नहीं होता। इस पर अनेक प्रकार के शोध-अध्ययन भी हो चुके हैं। चुंबक चिकित्सा पद्धति के विशेषज्ञों ने कुंभ के दौरान इसमें चुंबकीय औषधीय गुण भी पाए हैं।

सूर्य चिकित्सा के विशेषज्ञ यह मानते हैं कि साधारण सूर्य रश्मि चिकित्सा में जिस प्रकार से रंग-बिरंगी काँच की बोतलों में रखे गंगाजल को छह-सात घंटे सूर्य के प्रकाश में रखकर, जो चिकित्सकीय गुण उसमें विकसित होते हैं, वह किसी भी स्नान मुहूर्त के पाँच-छह घंटे के दौरान एकत्र कुंभ जल में स्वाभाविक रूप से ही होते हैं।

स्कंद पुराण में कहा गया है—

हरिद्वारे कुम्भयोगो मेषार्के कुम्भगे गुरौ ।
प्रयागे मेषसंस्थेज्ये मकरस्थे दिवाकरे॥
उज्जयिन्यां च मेषार्के सिंहस्थे च बृहस्पतौ।
सिंहस्थितेज्ये सिंहार्के नाशिके गौतमीतटे॥
सुधाबिन्दुविनिक्षेपात् कुम्भपर्वेति विश्रुतम् ।

पृथ्वी पर सोम (अमृत) छलकने के समय सूर्य, चंद्र तथा गुरु जिन-जिन राशियों में थे, उनके उन-उन राशियों में पुनः आने पर कुंभ आयोजित किए जाते हैं। कुंभ राशि के गुरु में होते समय जब सूर्य का मेष में संक्रमण होता है तो हरिद्वार में कुंभ का संयोग बनता है। जब वृष राशि में गुरु के रहते सूर्य मकर राशि में आता है, तब-तब प्रयाग में माघ की अमावस्या को कुंभ आयोजित किया जाता है। जब सिंह राशि में गुरु के रहते सूर्य और चंद्र मेष राशि में आते हैं, तब उज्जैन में कुंभ होता है। जब सिंह राशि में गुरु सूर्य और चंद्र स्थित होते हैं, तब नासिक में कुंभ का आयोजन होता है। इन अवधियों में कुंभ जल अमृत तुल्य लाभकारी हो जाता है।

स्कंदपुराण में कुंभ जल में स्नान की महत्ता यों भी बताई गई है कि—

पद्मिनीनायके मेषे कुम्भराशिगते गुरौ।
गङ्गाद्वारे भवेद्योगः कुम्भनाम्ना तदोत्तमः॥

अर्थात् सूर्य जब मेष राशि में आए और बृहस्पति ग्रह कुंभ राशि में हो, तब गंगाद्वार अर्थात् हरिद्वार में कुंभ का उत्तम योग होता है।

पौराणिक ग्रंथों जैसे नारदीय पुराण (2/66/44), शिव पुराण (1/12/22/-23) एवं वराह पुराण (1/71/47/48) और ब्रह्मा पुराण आदि में भी कुंभ तथा अर्ध कुंभ के आयोजन को लेकर ज्योतिषीय विश्लेषण उपलब्ध हैं।

स्कंद पुराण यह भी कहता है—

सहस्रं कार्तिके स्नानं माघे स्नानशतानि च।
रेवायामातये कोटिः कुम्भस्नानेन तत्फलम्॥

अर्थात् कार्तिक मास में गंगा में एक हजार बार स्नान करने से, माघ में सहस्र बार संगम-स्नान करने से, वैशाख में नर्मदा में एक करोड़ बार स्नान करने से जो पुण्यफल अर्जित होता है, वह महाकुंभ में केवल एक बार स्नान करने मात्र से प्राप्त हो जाता है।

विष्णु पुराण में भी कुंभ-स्नान की प्रशंसा में कहा गया है—

कुंभ जल में स्नान करते नागा साधु

अश्वमेधसहस्राणि वाजपेयशतानि च।
लक्षं प्रदक्षिणा भूमेः कुम्भस्नानेन तत्फलम्॥

अर्थात् हजार बार अश्वमेध-यज्ञ करने से, सौ बार वाजपेय-यज्ञ करने से और एक लाख बार पृथ्वी की परिक्रमा करने से जितनी पुण्यराशि संचित होती है, उतनी कुंभ में केवल एक बार स्नान करने से अर्जित होती है।

कुंभ-पर्व का वेदों में उल्लेख मिलने से भी इसकी विशिष्ट प्राचीनता का पता चलता है।

ऋग्वेद (10-89-7), शुक्लयजुर्वेद (19-87) और अथर्ववेद (4-34-7, 16-6-8 एवं 19-53-3) की ऋचाएँ भी कुंभ-जल तथा उसमें स्नान की अलौकिकता पर प्रकाश डालती हैं।

सन् 2010 में जिस कुंभ मेले के आयोजन तथा प्रबंधन का सौभाग्य मुझे मिला, उसमें अनेक अपूर्व तथा दुर्लभ संयोग भी घटित हुए, जिनसे इस अवसर के कुंभ-जल की महत्ता को समझा जा सकता है।

वरीयता में पहले नागा, फिर वैरागी, अंत में संसारी–

इस पर्व पर संन्यासियों में 'नागा संन्यासी' पहले स्नान का लाभ उठाते रहे हैं। बाद में वैरागी और अंत में संसारी लोग, इस अमृतवेला में कुंभ का प्रसाद प्राप्त करने हेतु गंगा में श्रद्धा से स्नान करते हैं।

कुंभ में स्नान के क्रम को लेकर संन्यासियों के संप्रदायों में संघर्ष भी होता आया है। इस सघंर्ष में कई संन्यासियों की जानें भी चली जाती थीं। हरिद्वार के कुंभ महापर्व का मेला मुख्यतया 'रोड़ी बेलवाला' मैदान में लगता है। नागा संन्यासियों और स्नानार्थियों के समूह इसी मैदान में होकर मुख्य स्नानस्थल 'ब्रह्मकुंड' तक जाते हैं। नागा संन्यासियों और साधुओं के स्नानार्थ गमन को 'शाही स्नान' के नाम से जाना जाता है। कुंभ के पुनीत पर्व पर समस्त भारत की भावनात्मक एवं सांस्कृतिक एकता के दर्शन यहीं होते हैं। कुंभपर्व के स्नान में संन्यासियों की विशिष्ट भूमिका से ऐसा लगता है कि वेदकाल में या वेदकाल के तुरंत बाद ही कुंभ स्नान का पर्व मनाया जाना शुरू हो गया होगा।

समृद्ध स्नान-पर्व परंपरा

हमारे यहाँ 'स्नान' को सोलह श्रृंगारों में से एक तो माना ही गया है, साथ ही प्राचीन धार्मिक ग्रंथों में धर्म और तपस्या की दृष्टि से भी स्नान के महत्त्व को स्वीकार किया गया है। पूजा-अर्चना तथा प्रत्येक पवित्र कार्य से पूर्व स्नान को अवश्यक माना गया है। देश की प्रमुख नदियों के तटों पर स्नान-पर्व की परंपरा सदियों से आज तक सतत जारी है। आज भी 'कार्तिक स्नान', 'सिंहस्थ स्नान', कुंभ स्नान' आदि पर्व समूचे धार्मिक विश्वासों समेत भारतीय मानसिकता का स्थायी अंग बने हुए हैं।

भारतीय जन-मानस के स्नान-प्रेम की प्राचीनता को मोहनजोदड़ो और हड़प्पा के दो हजार सालों से भी अधिक पुराने स्नानागारों के अवशेष भली-भाँति रेखांकित करते हैं। सिंधु-सभ्यता की सार्वजनिक स्नानागार प्रणाली सचमुच अपनी अति उत्पन्न स्थापत्य कला और जल-निकास की निर्दोष व्यवस्था के कारण आधुनिक तकनीक से टक्कर लेती है।

□

विज्ञान संगत है 'कुंभ'

वैज्ञानिक शोधों से यह बात सिद्ध हो चुकी है कि संपूर्ण विश्व और अखिल सृष्टि में 'जीवनदायी' अथवा जीवनवर्धक पिंड' (ऑक्सीजन प्रधान) व 'जीवन शोषक अथवा जीवन संहारक पिंड' (कार्बन डाइऑक्साइड) विद्यमान हैं। यह पृथ्वी ही अपनी विशेषताओं के चलते व ग्रहों, उपग्रहों तथा नक्षात्रदि की गतियों के कारण कभी जीवनवर्धक वातावरण से युक्त हो जाती है तो कभी जीवन-संहारक तत्त्व-प्रधान होने लगती है।

तीर्थ 'स्थल' विशेष हैं तो पर्व 'काल' भी विशेष

सच तो यह है कि किसी काल अथवा अवसर विशेष पर पृथ्वी के किस भू-भाग में परिस्थितियों एवं मौसम जलवायु का जीव और मनुष्यों पर क्या और कितना प्रभाव पड़ेगा, इसे हमारे मनीषियों व महर्षियों ने हजारों वर्ष पूर्व समझ लिया था। उसी अनुभव एवं ज्ञान के आधार पर काल-गणना एवं ज्योतिष विज्ञान के सहारे पृथ्वी के स्थल विशेष पर काल-विशेष में कृत्य एवं कर्म-विशेष करने की सनातन परंपरा अब तक चली आ रही है। पृथ्वी पर स्थित उन्हीं स्थान-विशेष को 'तीर्थ' तथा उस काल-विशेष को 'पर्व' कहते हैं।

ज्योतिष विज्ञान की सुगमता के लिए संपूर्ण ब्रह्मांड को राशि के नाम से बारह भागों में बाँटा गया है। इन राशियों को ग्रह-नक्षत्रों की आकृति के अनुरूप मेष, वृष, मिथुन, कर्क, सिंह, कन्या, तुला, वृश्चिक, धनु, मकर, कुंभ व मीन—नाम दिए गए हैं।

ग्रह-राशियों से तय होती है शुभ-अशुभ घड़ी

कहा गया कि संपूर्ण ब्रह्मांड की राशि का विशेष क्षेत्र किसी-न-किसी ग्रह-पिंड से प्रभावित व संचालित होता है। ज्योतिष के इन्हीं तथ्यों के आधार पर राशि विशेष का स्वामी उन राशियों से संबंधित ग्रह पिंड को ही माना गया है। इसलिए चंद्रमा को 'कर्क' राशि का तो सूर्य को 'सिंह' का स्वामी बताया जाता है। कोई-कोई ग्रह तो दो-दो राशि के स्वामी हैं। जैसे 'मंगल' मेष व वृश्चिक राशि का, तो 'शनि' मकर-कुंभ राशि का स्वामी है।

गुरु और सूर्य हैं इस योग के मुख्य निर्धारक

दूसरी ओर 'बृहस्पति' नामक ग्रह जीवनवर्धक तत्त्वों का प्रमुख केंद्र माना जाता है। कदाचित् इसलिए इसे वैदिक साहित्य में 'जीव' की संज्ञा दी गई है। यह अपनी संहारक प्रवृत्ति के कारण मारक ग्रह अथवा मार्केश के नाम से भी जाना जाता है।

'सूर्य' के द्वादशांश (बारहवें भाग) को छोड़कर शेष समस्त अंश जीवनवर्धक तत्त्वों से युक्त होता है, शेष दिनों में विशेषत: पूर्णमासी के दिन पूर्ण अवस्था में वह पर्याप्त जीवनवर्धक गुणों से युक्त हो जाता है।

शुक्र है आसुरी शक्तियों का प्रतीक

इन सबसे भिन्न 'शुक्र' ग्रह सौम्य प्रवृत्तिवाला होते हुए भी दूसरे ग्रह-नक्षत्रों द्वारा पोषित और संचालित होने के कारण अन्य ग्रहों से ज्यादा प्रभावित होता है। इसे आसुरी शक्तियों का प्रतीक भी माना जाता है, क्योंकि यह जीवन-संहारक तत्त्वों की प्रमुखता और प्रबलता के कारण जीवों का संहार करने में ज्यादा सहायक होता है। 'मंगल' रक्त को प्रभावित तो करता ही है, बौद्धिक चेतना और कुशाग्रता पर भी उसका प्रभाव पड़ता है। 'बुध' को नपुंसक तथा अकर्मक ग्रह कहा गया है, जबकि 'राहु' व 'केतु' स्वतंत्र ग्रह न होने के बावजूद 'छाया' ग्रह के रूप में माने जाते हैं; ये दोनों पापग्रह हैं तथा जीवन संहारक तत्त्वोंवाले माने जाते हैं।

संहारक तत्त्वों से बचाता है 'मार्केश'

ज्योतिष शास्त्र के अनुसार जब 'बृहस्पति' अथवा 'गुरु' मार्केश (मारक ग्रह) की राशि में प्रविष्ट होता है, तब वह जीवन-संहारक तत्त्वों के प्रभावों को नष्ट कर देता है। जीवनवर्धक तत्त्वों को उत्प्रेरित करके वह उसे और भी उत्साही जीवन युक्त बना देता है, उस स्थल पर उतने समय तक जीवनवर्धक तत्त्वों से आस-पास का संपूर्ण परिवेश प्रभावित हो उठता है। यह विशेष अवस्था ही 'कुंभपर्व' के महत्त्वपूर्ण आयोजन का वैज्ञानिक आधार हैं। असुर शक्तियों के गुरु 'शुक्र' की राशि वृष में 'बृहस्पति' की उपस्थिति और 'शनि' की राशि मकर में 'सूर्य' और 'चंद्रमा' के होने पर 'कुंभपर्व' मनाया जाता है। □

आज और भी प्रासंगिक है 'कुंभ'

निश्चित रूप से समय के साथ 'कुंभ' का स्वरूप बदला हैं; किंतु मानव समाज की कुंभ के प्रति गतिविधियों का आधार आज भी वही है। निश्चित रूप से समुद्र-मंथन अथवा विचार-मंथन एक सतत प्रक्रिया है। हर युग की अपनी समस्याएँ होती हैं। उनका तत्कालीन समाधान सामूहिक विचार-मंथन से निकाला जाना चाहिए। शायद इसलिए ऋषियों ने बारह वर्षों के एक कालखंड के भीतर चार कुंभ और दो अर्धकुंभों की व्यवस्था की है।

समग्र व समर्थ बनाना 'कुंभ' का ध्येय

महाकुंभ का उद्‌देश्य न केवल व्यष्टि को समष्टि के दर्शन कराना है, बल्कि इन बृहत् समागमों का उद्‌देश्य विश्व, देश, धर्म, समाज और व्यक्ति में व्याप्त दुष्प्रवृत्तियों को समाप्त करके समयोचित व्यवस्था देना भी है। आज भी कुंभ के बृहत् समागमों के अवसर पर महत्त्वपूर्ण निर्णय लिये जा रहे हैं। समय-समय पर कुंभ के अवसर पर ऋषियों, महर्षियों व तत्त्वज्ञानियों द्वारा ऐतिहासिक तथ्यों की खोज, धार्मिक आयोजनों की पुनः व्याख्या और प्रकृति के रहस्यों का उद्‌घाटन करके ज्ञान के नए क्षितिजों की खोज की जा रही है।

नई सीख और प्रेरणा हैं कुंभपर्व

यही नहीं, कुंभपर्वों के आयोजन के अवसर पर देश-काल की परिस्थितयों के अनुरूप समाज को नई राह दिखाई जा रही है। परमाणु बमों के ढेर पर खड़े वर्तमान विश्व के सम्मुख एक बार पुनः अस्तित्व का संकट पैदा हो गया है।

ऐसे समय में कुंभ के अवसर पर एक नई विश्व-व्यवस्था के लिए विचार-मंथन आवश्यक हो गया है। अब थोड़ा सा इस ओर भी विचार करें कि कुंभ जहाँ एक ओर ज्ञान के प्रतीक के रूप में वर्णित है; वहीं यह 'जल' का प्रतीक भी माना जाता है। जल जीवन और जीवन-गति का प्रतीक है। 'गति' गंगा के सतत प्रवाह का प्रतीक है। स्पष्ट है सतत गतिशीलता ही अमरता है और जड़ता ही मृत्यु है। जड़ता न तो विचारों में होनी चाहिए और न जीवन में।

जीवंत समाज के लिए समागम जरूरी

हमें विचारों की जड़ता त्यागकर सनातन पर्व कुंभ को आज के परिप्रेक्ष्य में परिभाषित करना होगा। इसके मूल उद्देश्य को सामने रखकर इसके आधुनिकीकरण की दिशा में पहल करनी होगी। तभी कुंभ समागम की जड़ता एवं शिथिलता को समाप्त कर इसको सदैव जीवंत बनाए रखा जा सकता है। यह एक तथ्य है, अगर कुंभ समागम आज के भटके हुए समाज के प्रति जागरूक न हुए तो जनमानस इनके प्रति उदासीन होता जाएगा। यही उदासीनता इसको जड़वत् बना देगी।

विषय विशेषज्ञों को जोड़ना होगा कुंभ से

आज के विश्व में वैज्ञानिक चिंतक, लेखक और दार्शनिकों को किसी न किसी रूप में कुंभपर्व से जोड़ना होगा, क्योंकि ये सभी वर्तमान विश्व के ऋषि-मुनि हैं। सभी प्रकार के विचारों पर मंथन करनेवाले इन प्रमुख चिंतकों को कुंभ के अवसर पर अवश्य आमंत्रित किया जाना चाहिए, जिससे वर्तमान के विश्व, समाज और मनुष्य की वैयक्तिक समस्याओं का समाधान तलाशा जा सके।

निश्चित रूप से ऐसी स्थिति में 'कुंभ' पर्व अधिक जीवंत उपयोगी और संदर्भित हो सकेंगे, नहीं तो विश्व की यह सर्वाधिक प्राचीन और सटीक लोकतांत्रिक व्यवस्था संदर्भहीन हो जाएगी।

स्वस्थ लोकतंत्र के लिए पक्ष-विपक्ष जरूरी

पुराण कथा में जिस प्रतीक को लिया गया है, उसके पीछे भी ऋषि-

मुनियों का मंतव्य यही था कि सृष्टि में जब कभी संक्रांति की स्थिति होगी या गतिरोध उत्पन्न हो जाएगा और पक्ष-विपक्ष सत्-असत् सब अपने को पराजित सा अनुभव करने लग जाएँगे, तब इन दोनों पक्षों को मिलकर पुरुषार्थ करना होगा और इनका मिलकर किया गया ऐसा पुरुषार्थ ही प्रकृति में स्थिरता लाएगा। प्रकृति में बदलकर समानुपातिक न्याय को स्थित कर सकेगा। अमृत और विष दोनों में जीवनीशक्ति है।

शर्त केवल एक है, कौन उसका अनुपालन कर सकता है। यह माध्यम एक अच्छा वैद्य भी हो सकता है, गुरु भी हो सकता है, महात्मा भी हो सकता है और एक धर्मश्रेष्ठ साधक भी हो सकता है। जैसे वैद्य विष को शोध कर रस में बदल देता है और वहीं संखिया (विष) अनुपात भेद से अमृत बन जाता है। ठीक वैसे ही जीवन में भी मानव की कुवृत्तियों के विष का शोधन कर सद्वृत्ति रूपी अमृतत्त्व प्राप्त किया जा सकता है। इस मंथन की पारस्परिक चिंतन की प्रक्रिया में विष को भी अमृत में बदलने की क्षमता है। लेकिन वह संभव तभी है, जब लोकहित में परमार्थ की दृष्टि से सामूहिक सर्वसहमति लेकर कार्य किया जाए।

मिल-जुलकर ही वैश्विक संकटों का समाधान

तृतीय विश्वयुद्ध की आशंका से भयभीत; आतंकवाद से पीड़ित; अनेक प्रकार के दैहिक, दैविक और भौतिक पीड़ाओं से छटपटाते विश्व समाज को आज परस्पर मिलजुलकर विचार-विमर्श करके आपसी मसले सुलझाने चाहिए। तभी सब को विश्व शांति का 'अमृत' मिल सकेगा। आज 'विष' (वैमनस्य) को पूरी तरह गटकने की किसी में सामर्थ्य नहीं है; वह नहीं गटका जा सकेगा, क्योंकि 'विष' भी शाश्वत है। अतः उसमें उसके साथ अमृत को मिलाकर हमें नवसमाज निर्माण की कोशिश करनी चाहिए। विपरीत धारा की ओर मुड़े हुए लोगों को हमें सद्विचारों से मुक्त शांति और बंधुत्व की धारा की ओर लौटाना होगा, तभी विश्व में शांति स्थापित हो पाएगी।

□

सागर मंथन : एक बड़ी सीख

सागर मंथन की यह ऐतिहासिक घटना कब और किन परिस्थितियों में हुई? ऐसे क्या कारण थे कि देवताओं और दानवों ने अपने ऐतिहासिक मतभेद भुलाकर इतना विराट् समवेत निर्णय लिया। निश्चित रूप से यह एक ऐसा संकटकाल रहा होगा, जब देवता और दानवों को अपने-अपने अस्तित्व की रक्षा के लिए सभी पक्षों को अपने-अपने मतभेद भुलाकर सागर-मंथन अर्थात् विचार-विमर्श और सामूहिक उद्यम के लिए बाध्य होना पड़ा होगा। निश्चित रूप से त्रैतायुग के प्रारंभिक वर्षों में हुए उस प्रलयकारी जलप्लावन के बाद धरती में मृत्यु और विनाश का एक ऐसा सिलसिला शुरू हो गया था, जिसमें न केवल देवताओं और दानवों का ही नहीं, अपितु संपूर्ण प्राणि मात्र का अस्तित्व खतरे में पड़ गया था।

सामूहिक उद्यम ही विकास का मूलमंत्र

त्रैतायुग के प्रारंभिक वर्षों में हुए उस प्रलयकारी जलप्लावन के कारण स्पष्ट नहीं हैं। संभव है कि यह देवता और दानवों के बीच लड़े गए किसी भीषण संग्राम की परिणति रहा हो या कोई प्राकृतिक प्रकोप, जिसमें समुद्र ने अपनी सीमा तोड़ दी और वर्षों तक मूसलधार वर्षा के परिणामस्वरूप गाँव, नगर, खेत-खलिहान सब जल में डूब गए। पहाड़ टूटकर मैदानों में तब्दील हो गए। इस खंडप्रलय की घटना में असंख्य मनुष्य काल-कलवित हो गए। इस खंडप्रलय में एक संपूर्ण मानव सभ्यता जलमग्न हो गई। समय और स्थितियों को भाँपकर तत्कालीन 'मनु' की (ज्ञान-विज्ञान की उपलब्धियों) की सुरक्षा

का उपक्रम करने लगे। उन्होंने एक ऐसी नौका की व्यवस्था की, जिसमें वे कुछ प्रमुख ऋषियों और उस समय में उत्पन्न होनेवाली वनस्पतियों व अन्नों के बीजों तथा कुछ अन्य लोगों को लेकर सुरक्षित स्थान (हिमालय) की ओर चल दिए। धीरे-धीरे प्रलयकारी वर्षा थमी और संपूर्ण आसमान में छाए विराट् बादल छँट गए। धीरे-धीरे जलस्तर घटने लगा। एक बार पुनः धरती में जीवन गतिशील हो गया।

आपदा से लड़ना है तो पहले आपसी लड़ाई छोड़ें

भीषण जल प्रलय के बाद एक बार पुनः धरती में जीवन लौटा। मनुष्य की आबादी बढ़ने लगी। लेकिन मनुष्य का जीवन उतना सुखी और सरल नहीं रह गया था, जिस प्रकार जल प्रलय से पूर्व था। न तो उनके लिए अन्न था और न लोग स्वस्थ थे। जल प्रलय के बाद नई बीमारियाँ फैल गई थीं, धर्म-व्यवस्था अस्त-व्यस्त हो गई थी। लोग आपस में लड़ रहे थे। धरती में एक बार पुनः मानव का अस्तित्व संकट में फँस गया था। इस विषम स्थिति से उभरने के लिए शैवों, शाक्तों, नागों और वैष्णवों ने अपने मतभेद भुलाकर सामूहिक रूप से प्रयत्न करने का निर्णय लिया।

समुद्र-मंथन ही जनजीवन बहाली का विकल्प

जनश्रुति के अनुसार देवता अपनी रक्षा का उपाय पूछने भगवान् विष्णु के पास गए। भगवान् विष्णु ने देवताओं को सलाह दी कि वे दानवों के सहयोग से समुद्र-मंथन करें और इस मंथन के परिणामस्वरूप जिस अमृत की प्राप्ति होगी, उसको पीकर देवता अमर हो जाएँगे। यद्यपि देवता इस कार्य में दानवों की मदद लेने के पक्ष में नहीं थे, लेकिन भगवान् विष्णु ने समझाया कि बिना दानवों के सहयोग के यह कठिन कार्य संपन्न नहीं हो सकता। अतः देवताओं ने दानवों से समझौता कर लिया।

इस संदर्भ में विचार करने के लिए देवलोक में स्थिति मेरुपर्वत में ब्रह्माजी की अध्यक्षता में सभा हुई। इस सभा में देवता, दानव, शैव, नाग आदि

सभी जातियों के प्रमुखों ने भाग लिया। इसमें सभी प्रकार की कठिनाइयों पर विचार किया गया और तय किया गया कि उनकी समस्याओं का समाधान समुद्र-मंथन अर्थात् (आपस में मिल-बैठकर विचार-विमर्श करने) से ही संभव है। 'कश्यप ऋषि' इस समुद्र-मंथन (विचार-विमर्श) के प्रस्तावक थे। नागों के राजा 'वासुकी' ने जन-संपर्क का कार्य किया।

आज हर व्यक्ति को शिव बनने की जरूरत

अगर समुद्र-मंथन को विचार-मंथन माना जाए तो इन प्रतीक कथाओं से स्पष्ट है कि इस विचार-मंथन से भारी मतभेद उभरकर सामने आए होंगे। उसके परिणामस्वरूप उत्पन्न कलह से सब का दम घुटने लगा और विश्व में एक बार फिर से प्राणियों के अस्तित्व पर संकट पैदा हो गया। इसलिए यह कहा गया कि समुद्र-मंथन से जो पहली उपलब्धि हुई, वह विषम थी (विष थी)। शैवों की ओर से शिव ने बीच-बचाव किया और इसी बचाव के दौरान उन्हें कई बार अपमान का विष पीना पड़ा। विचार-विमर्श के इसी दौर में शिव ने नागों के जीवन-दर्शन को आत्मसात् किया। 'शिव' सर्वमान्य हो गए और उनको सबका विश्वास हासिल हो गया। वे इसी कारण विचार-मंथन की इस प्रक्रिया को निर्विघ्न संपन्न कराने में सफल रहे।

अग्नि वर्णा काव्य में डॉ. नागेंद्र ध्यानी 'अरुण' ने इस कालखंड की परिस्थितियों का चित्रण इस प्रकार किया है—

यह पुरानी अति पुरानी और उससे भी पुरानी बात—
जबकि धरती और अंबर थे निकट
भू-भुवः स्वः में न अंतर,
सात ऊपर सात नीचे; थे चतुर्दश लोक में
सब लोग परिचित।
देव-दानव, दैत्य-मानव, जातियाँ संघर्षरत थीं।
अहं कुंठित कुंडली मारे हुए थे 'नाग'!
विस्तारवादी मानसिकता आ चुकी थी,

क्रोध के कंधों चढ़ी ईर्ष्या स्वयं
और हिंसा व्याघ-सी गुर्रा रही थी॥
मन-मृग था लोभ के, कृच्छ पंक में आकंठ डूबा।
उस समय सारा पयोधि बँट चुका था;
बँट चुका था विष और अमृत!
था किसी का कंठ नीला पड़ चुका;
तो किसी का कंठ पूरा कट चुका था॥

इसी तरह समुद्र-मंथन के इस मिथक को प्राचीन पुराणों से लेकर आधुनिक भारतीय साहित्य तक में अनेक काव्य-नाटक एवं इतिहास-ग्रंथों का लेखन लगातार चल रहा है। यह पुस्तक भी 'महाकुंभ' के विषय में प्रचलित प्राचीन और वर्तमान की अनेक विचारधाराओं को विनम्रतापूर्वक पाठकों के सामने रखने का एक लघु प्रयास है।

□

पर्व-महोत्सव हमारी धरोहर

भारत में महोत्सवों की परंपरा पर जो संदर्भ मिलते हैं, उनसे ज्ञात होता है कि वैदिककाल से ही भारतीय 'महोत्सवों से अपरिचित ही नहीं थे, अपितु वे उनके आनंदमय जीवन के अंग भी थे, जिन्हें वे नाना रूपों, नाना रंगों में मानते थे। उस कालखंड में जनता-जनों द्वारा उल्लासपूर्ण ढंग से मनाए जानेवाले पर्वों-महोत्सवों को 'समाज' कहते थे। 'महोत्सवों' के लिए 'समाज' शब्द का प्रयोग सम्राट् अशोक के प्रधान शिलालेखों के प्रथम प्रज्ञापन में भी मिलता है। अशोक ने कुछ समाजों को 'दोषपूर्ण' (निंदनीय) और कुछ को 'साधु' (प्रशंसनीय) कहा है। हिंसापरक 'समाजों' पर उसने प्रतिबंध लगा दिया था। यहाँ 'समाज' शब्द से मंतव्य आनंदोत्सव-सभा अर्थात् महोत्सव है।

सामूहिक आयोजन लाते हैं सद्भावना और एकता

महोत्सव के लिए भारतीय लोकजीवन में 'मह' शब्द भी प्रचलित था, जिसका उल्लेख महाकाव्यों में बारंबार हुआ है। 'इंद्रमह' इंद्रध्वज महोत्सव ही था। महाभारत के अनुसार, 'चेदिराज वसु' उपरिचर ने इंद्र द्वारा लाई गई 'इंद्रयष्टि' को पृथ्वी में खड़ा किया था, तब से आज तक प्रत्येक जनपद में प्रतिवर्ष उस इंद्रयष्टि का पूजन होता है। यह महोत्सव जनपद के उल्लासपूर्ण जीवन का प्रतीक था। आर्य जाति का यह अत्यंत प्राचीन महोत्सव था, जो राष्ट्र की श्री एवं विजय तथा जनपद की सब भाँति की प्रसन्नता के लिए आयोजित होता था।

गुरु रामराय के अनुयायियों द्वारा देहरादून में आयोजित किए जानेवाला

झंडा उत्सव प्राचीनकालीन 'इंद्रयष्टि' पूजन या 'इंद्रध्वज' महोत्सव का बदला हुआ स्वरूप ही है। 'यक्षमह' को ही 'ब्रह्ममह' कहते थे, जो यक्ष-पूजन का महोत्सव था। एकचक्रानगरी (चकराता) में भीम द्वारा बक राक्षस के वध की सूचना पाकर वहाँ के समस्त जनपद जनों ने मिलकर 'ब्रह्ममह' उत्सव किया था। (महाभारत आदि पर्व 152) देखें। 'मत्स्य' जनपद की राजधानी विराटनगर में 'ब्रह्ममह' जुड़ने की परंपरा थी। 'गिरिमह' तीसरा सार्वजनिक महोत्सव था। महाभारत के अनुसार, 'द्वारका के निकट रैवतक पर्वत पर हुए 'गरिमह' नामक महोत्सव में ही कृष्ण के परामर्श से अजुंन ने सुभद्रा का हरण किया था।' 'इंद्रमह' उत्सव को हटाकर उसके स्थान पर श्रीकृष्ण ने ब्रज में 'गिरिमह' उत्सव को आरंभ किया था। यही श्रीकृष्ण के गोवर्धन-धारण का आशय है।

प्राचीनकाल में समाज में इसी तरह के दूसरे उत्सव 'नदीमह' और 'वृक्षमह' भी थे। 'समाज' शब्द की भाँति आनंदोत्सव सभा के लिए 'मह' शब्द प्रयोग होता था। यह शब्द मख (यज्ञ) के रूप में भी प्रचलित हुआ। प्राय: 'ख' का उच्चारण 'ह' के रूप में भी किया जाता है। आज भी वैदिक संस्कृत में 'य' के लिए 'ज' और 'ष' के लिए 'ख' उच्चारण प्रचलन में है। ब्रजभाषा में भी यही प्रयोग मिलता है, जैसे 'यशोदा' के लिए 'जसोदा' कहना।

पौड़ी का 'मख' समृद्ध प्राचीन परंपरा

उत्तराखंड के पौड़ी जनपद की पट्‌टी अजमेर में 'महावगढ़' नामक एक स्थान है, जहाँ प्रतिवर्ष सामूहिक मख (मह)/(यज्ञ) आयोजित किया जाता है। मख शब्द का अर्थ 'यज्ञ' होता है। 'मह' (उत्सव) में मख का आयोजन प्राचीन परंपरा रही है। कुंभ भी मह (उत्सव) है। उसमें मख (ज्ञानयज्ञ) का आयोजन होता है।

सात्त्विक विचारों से ही समाज समृद्ध

आज के संदर्भ में यदि देखें तो भारतीय चिंतन के किसी भी क्षेत्र में

पूर्ण उपलब्धि नहीं हो पा रही है। राष्ट्रवादी ताकतें या शक्तियाँ भी राष्ट्रीय उन्मेष को प्राणवान् नहीं बना पा रही हैं। ऐसी स्थिति में सांस्कृतिक मूल्यों का विघटन, नैतिक मूल्यों का ह्रास और सामान्य जीवन को धारण करनेवाला धर्म ही विवाद और अपवाद के घेरे में आ गया है। इस स्थिति को हम 'संक्रांति काल' भी नहीं कह सकते हैं। क्योंकि संक्रांति काल वह है, जहाँ काल एक आयाम पूर्ण रूप से मुक्त होकर समाप्त होता है और काल का दूसरा आयाम संचरण करता है। नकारात्मक शक्तियाँ भी पराजित हैं, इसलिए आज विचार-मंथन के द्वारा ही किसी सत्य तक पहुँचा जा सकता है। जिस प्रकार देवताओं और असुरों ने मिलकर विचार-सागर को मथा था, उसी प्रकार आज भी वही स्थिति है। अतएव हम सभी लोग सत्य की जिज्ञासा करें, और अपने-अपने आंतरिक विष को उगलकर उस अमृत की तलाश में लग जाएँ, जो समाज, संस्कृति, धर्म और राजनीति को धारण करता है। इसी से समाज में स्थिरता और स्थायित्व आ सकता है।

□

आकाश ही ब्रह्मा का कमंडलु है

निरुक्त में जल का निर्वचन करते हुए महर्षि यास्क ने इसके सैकड़ों पर्याय बताए हैं, यथा—दूध, मधु, अमृत, घृत, वन, विष, व्योम, अन्न, सत्य, क्षेम, रस, भेषज, सुख, शुभ, पवित्र, हमें, शंबर, शुक्र तथा तेज आदि। अतएव आकाश अनेक पदार्थों का समुद्र है। उसका ऊपर का नीला भाग भगवान् शंकर की जटा हैं, **आकाश एक कुंभ सदृश** है, यहीं ब्रह्मा का कमंडलु है, आकाशगंगा यहीं से निकलती हैं, वेदों में इंद्र ही भग (ऐश्वर्य) युक्त होने से भगी है तथा मेघ ही उनका रथ हैं, अतः मेघ को भगीरथ कहा गया है। यहीं (बादल) भगीरथ आकाशगंगा को लेकर आगे-आगे चलता है। बादलों का गर्जन ही भगीरथ का शंखनाद है। समुद्र-मंथन अमृत के लिए हुआ था, वेदों में जल को अमृतोपस्तरण, अमृतापिधान, महौषध तथा मधु आदि कहा गया है—

अप्स्वन्तरमृतमप्सु भेषजमपामुत प्रशस्तिप्वश्वा भवत वाजिनः।
देवीरपो यो व ऊर्मिः प्रतूर्तिः ककुन्मान्वाजसास्तेनायं वाजं सेत्॥

(यजुर्वेद-9/61)

अर्थात् जलों में अमृत है और जलों में ही आरोग्य तथा पुष्टिदायिनी औषधियाँ हैं। हे अश्वो! इस प्रकार से अमृत और औषधि रूप जलों में वेगवान होकर जलों के प्रशस्त मार्गों में प्रविष्ट होओ।

मधु वाताऋतायते मधु क्षरन्ति सिन्धवः। माध्वीर्न सन्त्वोष्धी।

(यजुर्वेद-13/27)

आपो ज्योती रसोमृतम्।

(ऋग्वेद-1/5/1)

शतपथ ब्राह्मण में जल को अनेक बार अमृत, शांति और अन्नप्रद कहा गया है। यजुर्वेद ने जल को स्पष्टतः क्षीर कहा है।

अदम्भः क्षीरं व्यपिवत्।¨ पयोऽमृं मधु।

(यजुर्वेद-19/73)

आकाश इसी अमृत तथा क्षीर का समुद्र है। वेदों में सूर्य को ही विष्णु कहा गया है और वह अपनी श्री और लक्ष्मी नाम्नी दो पत्नियों के साथ इसी में रहता है और अमृत की वर्षा करता है।

श्रीश्च ते लक्ष्मीश्च पत्न्यावहोरात्रे पार्श्वे नक्षत्राणि रूपमश्विनौ व्यात्तम्। इष्णान्निषाणामुं म इषाण सर्वलोकं म इषाण॥

(यजुर्वेद-31/22)

सूर्य की सहस्रों किरणें ही शेषनाग के सहस्र सिर हैं और सूर्य (विष्णु) इन्हीं पर शयन करते हैं। यही विष्णु की शेषशैया है। पुराणों के अनुसार देवों और दैत्यों ने मिलकर विष्णु की आज्ञा से समुद्र-मंथन किया। इनके पिता एक हैं कश्यप तथा माताएँ दो हैं दिति एवं अदिति, मनुष्य रूप में नहीं। जगत् का पालक, द्रष्टा, पश्यक ही कश्यप है। निरुक्तकार ने 'पश्यकः एवं कश्यपः' कहा है। यह कश्यप **सूर्य** ही है। सूर्य से ही दिन एवं रात्रियाँ हैं। **दिन ही देवता** तथा **रात्रि ही दैत्य** है। दोनों का **पिता सूर्य** है। दिति ऊषा से दिन तथा सूर्यास्त गोधूलि से अदिति का बोध होता है। सूर्य की तेजस्वी किरणों से देवता। मेघों (बादलों) को शंबर, नमुचि तथा वृत्रासुर आदि कहा गया तथा अमृत के रूप में भेषज की प्राप्ति देवों को होती है, असुरों को नहीं।

यजुर्वेद तथा ऋग्वेद के मंत्रों में मेघों को ही असुर, वृत्र, शंबर और नमुचि कहा गया है। निरुक्त में मेघ के असुर, वृत्र, शंबर, अद्रि ग्रावा, वराह सर्प और रैवत आदि तीस नाम आए हैं। पुराणों में समुद्रमंथन से जो 14 रत्न उत्पन्न हुए हैं, वे आकाशरूपी क्षीर सागर से सर्वथा संभव हैं। सूर्य की किरणों की शोभा ही लक्ष्मी है। वरुण के द्वारा बरसाया जल ही वारुणी है।

आकाश के तारे कौस्तुभमणि, शंख तथा देवांगनाएँ हैं। जल में जो सरकती हैं, वही अप्सरा हैं। जल का एक नाम इरा है। इरा से बना मेघ ही ऐरावत हाथी है। उसकी ध्वनि उच्च है, अतः वही उच्चैश्रवा घोड़ा है। मेघ जलरूपी अमृत प्रदान करता है, अतः वही कामधेनु और कल्पवृक्ष है। समुद्र-मंथन में विष्णु को मोहिनी कहा गया है। समुद्र-मंथन से जो सर्वप्रथम विष उत्पन्न हुआ, वह वर्षा का न होना, वर्षा के पूर्व की गरमी ही रोगोत्पत्ति को विष कहा जाता है।

□□□